마케팅은 심리 해킹이다

사람의 마음을 단번에 사로잡는 기술!

마케팅은 심리 해킹이다

강미정 지음

HACKING

평단

심리해킹을 알게 된 순간
모든 것이 달라졌다

이것이 내가 선택한 것인가

어릴 적 내가 본 세상은 치열한 전쟁터였다. 부모님의 끝없는 싸움, 엄마의 가출, 아빠의 방치 속에서 매일매일 전투를 벌이는 것 같았다. 엄마는 내게 몰래 연락을 해왔다. 나는 그 비밀을 지키려고 노력했지만 결국 아빠에게 들켰고, 엄마는 집으로 끌려왔다.

아빠는 나와 동생을 외갓집에 버리는 일이 잦았다. 초등학교만 세 번 전학하면서 친구도 없이 그야말로 '왕따'로 지냈다. 가난은 나를 너무 빨리 어른으로 만들었다. 초등학교 6학년 때 나이를 속이고 주유소에서 일을 시작했다. 시급이 1,800원이었다.

중학교 방학 때도 김밥집에서 설거지하고 냉면집에서 그릇을 날랐다. 아빠가 말했다. "고등학교는 가지 마라. 동생 학비를 벌어야 한다." 나는 교회로 가서 펑펑 울며 목사님과 선생님들에게 매달렸다. 간신히 고등학교에 입학했지만 오래 못 다녔다. 내가 고등학교에 갔다는 이유로 아빠가 동생들 차비까지 끊어버렸으므로 학교가 끝나면 자정까지 일했고, 버스가 끊겨 시골길을 두 시간씩 걸어 집에 갔다. 그렇게 나는 스스로 학교를 포기했다.

그때 사람의 눈치를 보고 기대에 맞춰 움직이는 법, 살아남으려고 계산하는 법을 배웠다. 돌이켜 보면 그게 내가 처음 심리해킹을 배운 순간이었다.

이때까지만 해도 나는 내가 선택했다고 믿었다. "이건 내 의지야." "이건 내가 필요해서 한 거야." 그렇게 속이며 살았다. 하지만 지금 생각해보면 실은 다 끌려다닌 거였다. 사회의 기준, 아빠의 말, 주변의 따가운 시선, 돈이 없는 데서 오는 압박감 모든 게 내 무의식을 조종하고 있었다. 그들은 나를 설계했다. 나는 선택했다고 생각했지만, 실은 선택당한 인형이었다.

어느 순간, 그 사실이 날 집어삼켰다. 왜 나는 이렇게 살아야 하는가. 왜 내 선택은 늘 나를 더 좁은 길로 몰아넣는가. 무언가 잘못되었다는 걸 깨달았지만 그것을 바꿀 힘이 없었다. 아니, 어떻게 바꿔야 할지 몰랐다. 그렇지만 어떻게든 끌려다니는 삶에서 벗어나야 했다. 그러나 문제는 어디서부터 시작해야 할지 모른다는 것이었다. 내 모든 선택은 이미 고정된 궤도 위에 있었다.

변화는 작은 질문으로 시작되었다.

"내가 왜 이걸 하고 있지?"

"이건 진짜 내가 원하는 걸까?"

모든 건 심리에서 시작된다. 내가 배우기 시작한 것은 단순한 기술이 아니었다. 나를 움직였던 무의식의 원리였다. 내가 왜 어떤 감정에 끌리고, 왜 특정 상황에서 같은 결정을 내리는지. 모든 건 심리에서 시작되었다. 내가 이해해야 할 건 내 밖이 아니라 안에 있었다.

학교도 못 다니고 알바를 전전하며 하루하루 겨우 살아가니 사람들은 나더러 실패자라고 했다. 그러나 나는 알았다. 실패자는 내가 아니었다. 진짜 실패자는 자신의 선택을 빼앗긴 채 끌려다니는 사람들이었다. 내가 다시 선택할 수 있다면, 그 순간부터 나는 승자였다. 이제 싸움은 달라졌다. 나는 더 이상 무의식에 끌려가지 않기로 했다. 내가 왜 선택했는지, 누가 그 선택을 설계했는지 먼저 묻기 시작했다. 그 과정은 고통스러웠지만 동시에 해방감을 주었다. 내 삶이 내 손으로 돌아오고 있었다.

처음으로 내 삶을 설계하기 시작했다. 하루하루를 버티는 데 급

급했던 과거와는 달랐다. 모든 행동의 이유를 묻고, 내가 원하는 방향으로 하나씩 끌어당겼다. 당장 큰 변화를 만들 수는 없었지만 작은 선택들이 쌓이기 시작했다.

첫 번째로 바꾼 건 돈이었다. 예전의 나는 돈을 벌어도 늘 사라졌다. 꼭 필요하지도 않은 곳에 썼기 때문이다. 광고, 세일, 주변의 말에 휩쓸려 '내가 필요한 것'이라는 착각으로 소비했다. 하지만 그 모든 게 나를 소비하게 설계된 시스템이라는 걸 뒤늦게 깨달았다. "왜 이걸 사야 하지? 누가 날 이렇게 만들었지?" 묻고 나니 불필요한 소비를 끊어낼 수 있었다. 돈은 더 이상 나를 속박하는 족쇄가 아니었다. 내가 앞으로 나아갈 방향을 정하는 도구가 되었다.

두 번째로 정리한 건 사람이었다. 과거의 나는 주변의 말에 휘둘렸다. "넌 이게 맞아." "이렇게 해야 안정적이지." 그들의 말이 나를 조종했다. 그런데 한 가지 질문을 던지고 나니 달라졌다.

"이 사람의 말이 내 삶에 어떤 영향을 주는가?"

대답은 단순했다. 그들의 말은 나를 더 좁은 길로 몰아넣고 있었다. 그래서 나를 끌어내리는 사람들, 나를 조종하려는 사람들과 관계를 하나씩 끊었다. 비난과 걱정을 들었지만 상관없었다. 나는 더 이상 그 흐름 속에 있고 싶지 않았다.

세상 흐름을 읽는 법을 배우다

내가 선택당했던 이유는 흐름을 읽지 못해서였다. 그래서 작은 프로젝트부터 내가 설계자가 되는 연습을 시작했다. 친구들과 대화를 나눌 때 내가 원하는 방향으로 자연스럽게 이끌어갔다. 강요하지는 않았지만 익숙한 단어, 반복된 메시지, 신뢰를 자극하는 방식으로 흐름을 만들었다. 그들은 내가 던진 아이디어를 자기 생각처럼 받아들이기 시작했다.

이것이 심리해킹이다. 심리해킹은 강요하는 것이 아니라 사람의 무의식을 건드려 스스로 선택했다고 믿게 만드는 기술이다. 나는 그 원리를 이해했고, 내 삶에 적용했다.

승자와 패자의 차이는 단 하나, 누가 흐름을 읽고 설계하느냐. 패자는 설계된 흐름 속에서 선택당하며 살아간다. 승자는 그 흐름을 설계해 다른 사람들을 움직인다. 나는 더 이상 패자가 아니었다. 나는 설계자로 움직이기 시작했다.

여기까지 오는 데 시간이 오래 걸렸다. 뒤돌아보면 내가 성공할 수 있었던 이유는 단순했다. 심리해킹을 잘했을 뿐이다.

나는 아무것도 없는 상태에서 판매를 시작했다. 돈도 없었고 대단한 인맥도 없었다. 하지만 모든 마케팅을 내가 직접 했다. 광고부터 고객과의 소통, 작은 이벤트 하나까지 다른 사람에게 맡기지 않고 내가 설계했다. 내가 흐름을 가장 잘 읽을 수 있었기 때문이다. 고객이 무엇을 원하는지, 어떤 감정에서 움직이는지, 무엇이 그들의 선택을 이끌어내는지 연구하고 실험하며 하나씩 해냈다.

마케팅은 단순히 물건을 파는 일이 아니다. 사람을 움직이는 일이다. 그들의 무의식에 들어가 선택을 만들어내는 일이다. 심리해킹은 바로 그것을 가능하게 하는 기술이다. 나는 심리해킹으로 고객이 왜 움직이는지 이해했고, 그 흐름을 설계해 승자가 되었다.

이 책에는 내가 처음에 어떻게 시작했고, 어떤 실험과 실패를 거쳐 심리해킹의 본질을 깨달았는지 그리고 그 기술을 어떻게 삶에 적용할 수 있는지 모두 담았다. 당신도 이제 끌려다니는 사람이 아니라 흐름을 설계하고 선택을 만드는 사람이 될 수 있다.

이 책을 읽는 순간 당신은 심리해킹의 기술이라는 무기를 갖게 된다. 이 무기를 어떻게 사용할지는 온전히 당신에게 달려 있다. 한 가지 확실한 것은 이 기술을 제대로 이해하고 나면 당신 삶이 더는 이전과 같지 않다는 것이다. 당신은 이제 단순한 소비자가 아니라 흐름을 설계하고 움직이는 사람이다.

모든 것은 당신의 선택에서 시작된다. 이 책이 당신의 첫걸음이 되길 바란다. 이제, 흐름을 설계할 준비가 되었는가?

심리해킹의 기술은 새로운 시스템을 배우는 것과 같다. 제대로 사용하려면 먼저 우리가 어떻게 생각하고 있는지 그리고 그 생각이 어떤 틀에 갇혀 있는지부터 알아야 한다. 생각의 틀은 우리가 세상을 바라보는 창과 같다. 이 창이 너무 좁으면 큰 그림을 놓치고, 너무 편협하면 새로운 가능성을 가로막는다. 심리해킹을 제대로 이해하고 활용하려면 먼저 이 창을 넓히고 생각의 틀을 유연하게 바꿀 수 있어야 한다.

사람들은 종종 '나는 문제를 잘 이해하고 있다'거나 '이 방식이 가장 효과적이다'라고 믿는다. 하지만 그 믿음이 때로는 가장 큰 장애물이 되기도 한다. 마케팅에서도 마찬가지다. 우리가 소비자를 움직이려 할 때, 정작 우리의 사고방식이 제한적이라면 그들에게 닿을 수 없다. 생각의 틀을 바꿔야 진짜 심리해킹이 시작될 수 있다.

이걸 더 쉽게 이해하려면 이런 질문을 떠올려보자. "어떻게 하면 더 나은 초록색 스트라이프 비누를 만들 수 있을까?" 이 질문은 단순히 비누를 조금 더 멋지게 보이도록 개선하자는 방향으로 제한된다. 하지만 질문을 바꿔보면 어떤가. "어떻게 하면 상쾌한 느낌을 주는 비누를 만들 수 있을까?" 이 질문은 비누의 색깔, 향, 질감, 심지어 사용 경험까지 모두 탐구하게 만든다. 이처럼 질문을 바꾸는 것만으로도 사고의 틀이 확장되고 새로운 가능성이 열린다.

생각의 틀을 바꾸는 중요한 방법 가운데 하나는 바로 질문을 던지는 방식이다. 기존의 질문을 고정된 방식에서 벗어나 더 긍정적이고 소비자 지향적으로 바꿔야 한다. 예를 들어, "어떻게 하면 줄서서 기다리는 불편함을 없앨 수 있을까?"라는 질문은 문제를 해결하려는 의도로 보인다.

하지만 "어떻게 하면 기다리는 시간을 즐겁게 느끼도록 할 수 있을까?"라는 질문은 더 창의적이고 다양한 아이디어를 발상할 수 있게 한다. 이렇게 질문을 바꾸는 과정에서 우리는 고객이 느끼는 근본적 욕구와 진짜 문제를 발견할 수 있다.

생각의 틀을 바꾸는 것은 하루아침에 되지 않는다. 그것은 의도적인 노력과 훈련이 필요하다. 일상에서 호기심을 느끼는 습관, 사소한 불편함에도 질문을 던지는 태도 그리고 다양한 관점에서 문제를 바라보는 연습이 필수적이다. 예를 들어, 우리는 대개 "이건 원래 이렇게 하는 게 당연해"라고 생각하며 넘어간다. 하지만 그 순간 멈추고 "왜 이렇게 해야 하지?" "다른 방식은 없을까?"라는 질문을 던지면, 그 답은 종종 놀라운 결과를 가져온다.

생각의 틀을 바꾸는 과정은 단순히 다른 아이디어를 떠올리는 정도에서 끝나지 않는다. 그것은 기존의 신념과 관점을 흔들고 새로운 가능성을 받아들이는 훈련이다. 하지만 문제는 우리의 뇌가 이 과정을 본능적으로 거부한다는 것이다. 인간의 뇌는 익숙한 것을 좋아하고, 안정적인 상태를 유지하려고 한다. 그래서 변화는 언제나 낯설고 불편하게 느껴진다.

마케팅할 때 우리는 이렇게 생각하기 쉽다. "이 제품이 얼마나 좋은지를 알리면 고객이 구매하겠지?" 과연 그럴까? 안타깝게도 이런 방법은 대부분 고객의 관심을 끌지 못한다. 그들이 이미 넘쳐나는 수많은 광고와 정보 속에서 자신을 보호하려는 방어 태세를 갖추고 있기 때문이다. 그러니 제품이 아닌, 그들이 느끼는 감정과 욕구를 중심으로 접근해야 한다. 이런 전환을 하기는 사실 쉽지 않다. 기존의 방식을 부수고 새로운 방식으로 질문을 던져야 하기 때문이다.

이때 중요한 것은 무엇이 정답인지 찾는 것이 아니라 소비자들이 진짜 원하는 게 무엇일지를 질문하고 찾는 것이다. 예를 들어, "어떻게 하면 우리 제품을 더 많이 팔 수 있을까?"라는 질문은 우리를 제한된 답안 속에 가둔다. 반면 "우리 제품이 고객의 삶에 어떤 가치를 더할 수 있을까?"라고 묻는 순간, 우리의 사고는 새로운 방향으로 확장된다. 이 차이가 바로 심리해킹에서 생각의 틀을 바꾸는 힘이다.

일상에서 틀을 바꾸는 연습

우리는 버스를 타는 모습, 차를 타는 모습, 카페에서 줄을 서서 주문하는 모습, 심지어 길거리의 신호등까지 일상을 너무나 당연하게 받아들인다. 그런데 이 당연한 상황들에 질문을 던져보면, 전혀 새로운 관점을 발견할 수 있다.

예를 들어, 자동차 키를 떠올려보자. 한때 우리는 열쇠로 차의 문을 열고, 시동을 걸고, 차를 잠그는 모든 과정을 수동으로 했다. 그때는 그것이 당연한 일이었다. 그런데 누군가가 질문을 던졌다. "왜 꼭 키를 꽂아야 문이 열리거나 시동이 걸릴까?" 그 질문이 자동차 산업에 변화를 가져왔다. 스마트키가 탄생한 것이다. 손에 들고만 있어도 문이 열리고, 버튼 하나로 시동을 걸 수 있는 기술이 도입되면서 사람들의 생활은 한층 편리해졌다.

하지만 여기서 멈추지 않았다. 또 다른 질문이 이어졌다. "스마트키 없이도 차를 조작할 수는 없을까?" 이 질문은 현재 스마트폰으로 차량을 조작하고, 원격으로 시동을 걸거나 위치를 확인하는 기술로 발전했다. 이 모든 혁신은 "지금의 방식이 정말 최선인가?"라는 간단한 질문에서 출발했다.

질문은 이렇게 강력한 도구다. 작은 호기심에서 시작된 질문이 고객의 경험을 완전히 바꿔놓는다. 단순히 '어떻게 더 좋은 자동차 키를 만들까?'라고 묻는 데서 그쳤다면, 우리는 여전히 열쇠를 사용할지도 모른다. 하지만 "왜 자동차 키가 꼭 물리적이어야 할까?"라는 질문이 더 깊고 혁신적인 가능성을 열어준 것이다.

이 사례는 마케터로서 우리가 가져야 할 사고방식을 잘 보여준다. 현재의 방식이나 관행을 당연하게 받아들이지 않고 끊임없이 "왜?" "어떻게 하면 더 나을까?"라는 질문을 던져야 한다. 이런 질문이 고객의 숨겨진 욕구를 발견하게 만들고, 단순한 제품이 아닌 진정한 솔루션을 제공할 기회를 만든다.

마케터로서 우리의 관점은 고객의 무의식을 해킹하는 것이다.

그들의 욕구, 두려움, 편리함에 대한 갈망을 이해하고 그 안에서 움직이는 것이다. 그런데 고객의 무의식에 다가가려면 먼저 우리의 무의식을 열어야 한다. 어떤 상황에서든 "왜?" "어떻게?" "다른 방식은 없을까?"를 질문하는 태도를 지녀야 한다. 이런 연습이 반복되면 사고의 폭이 넓어지고, 더 창의적인 아이디어가 떠오르게 된다.

질문의 힘

질문은 단순한 도구가 아니다. 그것은 사고의 방향을 바꾸고 감춰진 문제를 드러내는 강력한 무기다. 특히 마케팅에서는 질문이 새로운 전략의 시작점이 된다. "고객이 이 제품을 왜 사야 할까?"라는 질문도 좋지만, 더 나아가 "고객이 이 제품을 사면서 어떤 감정을 느끼길 원할까?"라고 묻는 것이 더 큰 가능성을 열어준다.

이 질문은 고객의 감정을 중심으로 사고하게 만들고, 더 깊은 차원의 욕구를 탐구하게 만든다. 예를 들어, 사람들이 단순히 향이 좋은 비누를 원할 수도 있지만, 그 뒤에는 '이 비누를 사용할 때 내 하루가 상쾌하고 특별했으면 좋겠다'는 감정이 숨어 있을 수도 있다. 이런 차이를 이해하고 질문을 던질 수 있다면, 단순히 비누를

판매하는 마케터가 아니라 고객의 하루를 설계하는 설계자가 될
수 있다.

관점을 바꾸는 구체적 방법

생각의 틀을 바꾸려면 일상에서 작은 노력을 시작해야 한다. 먼
저, 익숙한 것들을 낯설게 바라보는 연습을 해보자. 매일 사용하는
물건들, 반복되는 습관들, 심지어 주위 사람들과의 대화까지 모든
것을 관찰하고 "왜?"라고 물어보자. 그 질문은 새로운 가능성을 열
어줄 것이다.

다음으로, 다른 사람의 관점을 적극적으로 받아들여야 한다. 우
리는 보통 자신의 사고방식에 갇혀 있다. 하지만 배경과 경험이 다
양한 사람들의 의견을 듣다 보면, 전혀 생각지 못했던 새로운 질문
과 답을 발견할 수 있다. 특히 고객의 목소리를 듣는 것이 중요하다.
고객이 느끼는 불편함이나 욕구를 이해하려면 그들 처지에서 사고
해야 한다.

마지막으로, 두려움을 내려놓아야 한다. 기존의 방식을 고수하
는 이유는 실패할까 봐 두렵기 때문이다. 하지만 틀을 깨고 새로운

질문을 던지는 과정은 언제나 불확실함을 동반한다. 이 불확실함을 감수하고 도전하는 것이 진정한 변화를 만들어낸다.

변화는 질문에서 시작된다. 생각의 틀을 바꾸는 첫걸음은 더 나은 질문을 던지는 것이다. 이 질문이 당신 사고를 자극하고 새로운 관점을 열어줄 것이다. 마케팅은 단순히 제품을 홍보하는 것이 아니라 고객 마음을 움직이는 일이다. 그리고 고객 마음속으로 들어가는 가장 강력한 방법은 바로 질문이다.

차례 ─────────────────────────

심리해킹의 첫걸음

— 무의식의 문을 열다

내가 왜 이런 선택을 했을까

마케팅을 시작하고 나서부터 사람들을 관찰하는 습관이 생겼다. 매장의 동선을 따라 움직이는 사람들, 진열대 앞에서 멈춰 고민하는 모습, 카트를 끌며 무의식적으로 손을 뻗는 순간들. 한 명 한 명이 작은 데이터였다. 그들이 어떻게 선택하는지 살피는 건 내 일이었다. 하지만 어느 날, 나 자신에게서도 비슷한 패턴을 발견했다.

돈을 벌기 시작하면서 습관처럼 마트에 갔다. 처음엔 필요한 것들만 사야겠다고 다짐했다. 가끔 메모도 했다. '우유, 달걀, 채소.' 머릿속에서 되뇌며 진열대를 지나쳤다. 그런데 결과는 항상 같았다. 장바구니에는 계획에 없던 물건들이 가득했다. 하지만 충동적으로 손이 갔다는 인식은 없었다.

장을 보면서 분명 나는 스스로 선택했다고 믿었다. "이건 필요하니까." "지금 안 사면 손해겠지." 그렇게 생각하며 물건을 담았다. 하지만 집에 와서 보면 냉장고에 이미 있는 소스, 바로 쓰지도 않을 대용량 포장지, 예쁘게 포장된 간식들이 왜 내 장바구니에 들어왔는지 생각할수록 답답했다.

내가 무언가에 끌리고 있었다는 걸 그때는 몰랐다. 가격표의 색, 세일 안내 문구, 진열된 위치 그리고 그날의 마음 상태… 무언가가 나를 움직이고 있었다. 내가 선택했다고 믿었지만, 내 무의식이 설계한 흐름에 끌려간 결과였다.

몇 번은 구매할 목록을 꼼꼼히 메모해서 갔지만 그래도 결과는 같았다. 메모가 내 선택을 통제하지 못했다. 진열대 앞에 서는 순간 나는 이미 유혹당했다. 포장지의 색감, '오늘만 한정 세일'이라는 문구, 깔끔하게 정리된 제품들. 그리고 무엇보다 "이 정도는 사도 괜찮아"라는 마음속 속삭임이 나를 움직였다. 더 심각한 건 "맞아, 이러려고 돈을 벌지. 내가 이 정도도 못 사나?" 하는 생각이 들면서 스스로를 설득했다. 갑자기 흥분되어 손이 멈추지 않았고 장바구니는 점점 무거워졌다. 내가 무언가를 사면서 느끼는 흥분과 쾌감이 마치 내가 성공했다는 증거처럼 여겨졌다.

하지만 집에 돌아오면 허탈했다. 냉장고를 열어보고 왜 이렇게 많은 것을 샀는지 자책했다. 산 물건의 절반은 손도 대지 않은 채 잊혔다. 내가 필요한 건 물건이 아니었다. 잠깐의 흥분, 그 순간 느꼈던 성공의 감각이었다. 하지만 그 감각은 오래가지 않았다.

돈을 벌고 소비하면서 내가 돈을 통제하는 게 아니라 돈이 나를 통제하고 있다고 느꼈다. 나의 소비는 계획적이지 않았다. 내 안의 결핍과 채워지지 않은 욕구가 만들어낸 무의식적 행동이었다.

장바구니를 채우면서 나는 어쩌면 그동안 쌓았던 좌절감을 보상받으려 했는지도 모른다. "내가 이 정도도 못 살 사람이야?"라는 질문에는 내가 견뎌왔던 모든 결핍과 억눌림이 숨어 있었다. 하지만 소비로 채우려던 그 허전함은 결코 채워지지 않았다. 더 많이, 더 자주 사야만 했다. 그것이 무의식적으로 설계된 흐름이라는 걸 깨달은 건 훨씬 나중이었다.

그러면 왜 이런 선택을 계속하는 걸까? 왜 계획을 세워도 소용이 없는 걸까? 내가 부족해서 그런가? 돈을 더 많이 벌어야 하나? 하지만 답은 다른 곳에 있었다. 문제는 돈이 아니라 내가 돈을 대하는 방식이었다.

내 소비 패턴을 뒤집어보고 돈을 쓸 때마다 나 자신에게 물었다.

"이건 지금 당장 필요해서 사는 건가?"

"다른 걸 채우려고 돈을 쓰는 건가?"

그리고 마침내 알았다. 내 선택은 결핍감에서 시작되었다. 단순히 물건이 필요해서가 아니었다. 나를 움직인 건 내가 그동안 쌓아온 불안, 성공에 대한 강박 그리고 '이만큼은 괜찮아'라고 스스로 위로하려는 마음이었다. 무언가를 살 때 느껴지는 쾌감과 흥분은 단순히 소비에서 오는 게 아니었다. 내가 내 선택을 통제하고 있다는 착각에서 얻은 짧은 만족감이었다. 내가 돈을 쓰는 주체라고 믿었지만 실은 만들어진 흐름에 조종당하고 있었다. "이 정도는 괜찮아"라는 속삭임은 결코 멈추지 않았다. 문제는 그것이 점점 더 커진다는 것이다. 다음번에는 '이 정도'의 기준이 높아졌다. 더 비싸고, 더 불필요한 것들로 바뀌어 나는 그 흐름에서 빠져나오지 못했다.

왜 이런 선택을 계속했을까? 그 답을 알려고 내 무의식을 관찰하기 시작했다. 소비하는 순간, 나를 움직였던 감정이 무엇인지 추적했다. 흥분, 두려움, 안도감. 그 모든 것이 내가 왜 선택했는지 설명해줬다. 그리고 그것들이 나를 조종했다는 사실을 알았다.

지금 당신도 물어야 한다.

"내가 왜 이 선택을 했을까?"

이 질문은 단순해 보이지만 당신의 삶을 바꿀 놀라운 생각이다. 당신의 무의식이 무엇에 따라 움직이는지 보지 못한다면, 당신은 결코 흐름을 설계할 수 없다. 선택은 당신의 것처럼 보이지만, 그 뒤에는 항상 설계된 흐름이 있다. 이제 그 흐름을 이해하고 통제해야 한다.

소비는 단순히 물건을 사고파는 행위가 아니다. 그것은 우리의 무의식을 드러내는 순간이다.

▼ 핵심 문장
선택은 당신의 것처럼 보이지만 그 뒤에는 항상 설계된 흐름이 있다.

무의식에 지배받는 우리의 선택들

나를 파악하고 나니 사람들의 행동에도 관심이 생겼고 궁금해졌다. 신기하게도 사람들 또한 항상 패턴이 있었다. 진열대를 스쳐 지나가며 무심코 손을 뻗는 모습, 세일 문구 앞에서 멈칫하는 자세, 누군가의 추천에 고개를 끄덕이며 따라가는 반응. 모든 행동이 예측 가능했다. 나는 그걸 연구하며 사람들의 심리를 파악하기 시작했다.

하지만 관찰하다 보니, 내 안에서도 묘하게 비슷한 흔적이 발견되었다. 매번 나는 스스로 다르다고 생각했다. 내가 내리는 결정은 더 합리적이고, 더 똑똑한 선택이라 믿었다. 하지만 그 믿음은 금세 깨졌다. 문득 돌아보니, 나도 누군가의 흐름에 따라 움직이고 있었다. 다만, 그 사실을 인정하기 싫었을 뿐이다.

그때 내가 믿었던 합리성이 실은 무의식의 포장지에 불과했다는 것을 깨달았다. 어떤 물건들은 단지 보기 좋다는 이유만으로 선택했다. 또 어떤 것들은 "다들 이렇게 사니까"라는 익숙함에 기댄 결과였다. 이런 선택들은 더 깊은 문제를 드러냈다. 내가 선택을 통제한다고 믿었지만, 사실은 조종당하고 있었다.

더 놀라웠던 건 소비 자체가 어떤 감정의 배출구처럼 작용하고 있었다는 사실이다. 스트레스가 쌓이면 물건을 더 많이 샀다. 반대로, 기분이 좋을 때도 마찬가지였다. 스스로를 보상한다며 필요 없는 물건을 카트에 담았다. 나는 소비가 나를 해방해준다고 믿었지만 소비는 결핍과 불안을 숨기려는 임시방편에 불과했다.

무언가를 사고 싶다는 충동이 강렬해질 때마다, 그 뒤에는 내가 느끼고 싶지 않은 감정이 숨어 있었다. 누군가와 비교해서 비롯된 열등감, 무언가를 놓치고 싶지 않은 조급함, 또는 그냥 "내가 이만큼은 할 수 있다"라는 걸 증명하고 싶은 욕구. 이런 감정들은 소비로 채워질 수 없는 것이었지만, 나는 계속 그것을 물건으로 해결하려고 했다.

그 사실을 깨닫는 데는 꽤 오랜 시간이 걸렸다. 돈을 더 벌어도 상황은 나아지지 않았다. 돈이 많아질수록 소비의 폭도 커졌지만 그것은 내 선택이 아니었다. 나는 이미 설계된 흐름 속에서 움직였고, 그 흐름이 내 무의식을 건드려 내가 결정했다고 믿게 만들었다.

이 흐름을 깨닫기 시작하면서 나는 소비를 다시 보기 시작했다. 내가 정말 원하는 것은 무엇인지, 내가 진짜로 부족함을 느끼는 것은 무엇인지 묻기 시작했다. 그리고 알게 되었다. 소비로 채우려 했던 것들은 물건으로 해결될 수 없는 감정이었다. 나는 내 무의식을 이해하지 못하는 한 계속 조종당할 수밖에 없었다.

이제 당신도 한번 생각해보라. 당신이 내린 선택들은 어디에서 왔는가? 정말로 당신의 의지였는가? 아니면 이미 설계된 흐름 속에서 무의식적으로 따라간 결과였는가?

내가 믿었던 합리성은 무의식의 포장지에 불과했다.

나도 모르게 끌리는 이유의 비밀

당신은 정말 스스로 선택했다고 믿는가? 선택의 순간마다 우리는 당연히 내 의지로 결정했다고 생각한다. 하지만 그 믿음은 정말일까? 왜 우리는 특정한 물건이나 서비스를 볼 때 이상하게 끌릴까? 무엇이 그 끌림을 만들었을까? 그 답은 우리가 미처 인식하지 못하는 곳에 있다.

선택은 단순한 행동이 아니다. 그것은 수많은 사소한 신호와 단서가 쌓인 결과다. 어떤 상품을 보았을 때 첫눈에 끌린다면, 그건 우연이 아니다. 그것은 디자인의 조화, 색감, 심지어는 그 상품이 놓인 위치까지도 영향을 미친다. 매장의 동선, 조명의 각도 그리고 물건이 놓인 진열대의 높이. 모두가 우리의 뇌를 미세하게 자극하고 있다. 이 자극은 우리가 알아채기도 전에 작동한다.

더 흥미로운 건 우리의 과거 경험과 기억이 현재의 선택에 얼마나 큰 영향을 미치는가 하는 점이다. 예를 들어, 과거에 긍정적 경험이 있던 브랜드를 다시 마주칠 때, 우리는 그것에 다시 끌리는 경향이 있다. 뇌는 이미 한 번 편안함과 만족을 느꼈던 기억을 떠올리며 '이건 괜찮다'고 신호를 보낸다. 이 과정은 매우 빠르게 이루어진다.

그래서 우리는 그 선택이 얼마나 익숙한 것인지조차 깨닫지 못한다.

또 다른 요인은 우리의 환경이다. 친구의 추천, 동료가 자주 쓰는 제품 또는 길거리에서 무심코 본 광고. 이런 환경적 단서들은 우리의 선택을 미세하게 조정한다. 예를 들어, 특정 커피 브랜드가 당신의 눈에 더 자주 들어온다면, 어느 순간 당신은 그 브랜드를 '괜찮은 선택'으로 여길 것이다. 그리고 그때 당신은 이렇게 말한다. "내가 원해서 고른 거야." 그러나 그것은 단순히 당신의 환경이 설계한 결과일지도 모른다.

이 모든 것은 무의식적인 판단에서 시작된다.

선택이란 단순히 A와 B 중 하나를 고르는 것이 아니다. 그것은 지금까지 우리가 경험한 작은 단서들과 신호들이 합쳐진 결과다. 하지만 그 결과가 항상 진정으로 원하는 것이었을까? 그렇지 않을 가능성이 크다. 우리는 무의식적으로 끌려가며 그 끌림을 자유의지라고 착각한다.

결국, 선택이란 단순한 행동이 아니다. 그것은 경험과 환경 그리고 무수한 흐름이 얽힌 복잡한 결정이다. 그리고 우리는 그 흐름 속에서 자신이 선택했다고 믿으며 살아간다. 하지만 중요한 것은 이제부터다. 그 흐름을 인식하고 이해해야 한다.

내가 선택의 주체가 되려면 먼저 선택이 설계된 방식을 알아야 하고 마케터로서 이 과정을 거꾸로 설계할 수 있어야 한다. 고객이 익숙함, 조급함, 감정, 포장된 가치를 기반으로 선택한다면, 그들의 선택을 유도할 수 있는 흐름을 만들 수 있어야 한다.

▼
핵심 문장

**선택이란 단순한 행동이 아니다. 그것은 경험과 환경 그리고 무수한 흐름이
얽힌 복잡한 결정이다.**

심리해킹이란 무엇인가

사업을 시작하고 나서 마케팅을 외주에 맡기지 않고 직접 하기로 결심했다. 그 이유는 간단했다. 내 상품과 고객을 가장 잘 아는 사람은 나였다. 하지만 직접 해보니 마케팅은 단순한 기술이 아니었다. 사람의 마음을 이해하고 움직이는 일이었다. 특정 행동을 유도해야 했고, 사람들이 내 상품에 끌리도록 만들어야 했다. 그 과정에서 한 가지 중요한 사실을 깨달았다. 사람의 행동은 이성보다는 무의식이 좌우한다는 것. 그리고 그 무의식을 움직이는 기술이 바로 심리해킹이었다.

처음엔 쉽지 않았다. 고객이 왜 특정 상품에 끌리는지, 왜 어떤 광고에는 반응하고 어떤 광고에는 무반응인지 알 수 없었다. 단순히

'좋은 상품은 팔린다'는 생각은 환상이었다. 상품이 좋다고 고객이 자동으로 반응하지 않았다. 그들이 어떤 선택을 하는지 이해하려면 그 선택을 이끄는 심리를 알아야 했다.

그래서 사람들의 행동을 관찰해야 했는데, 처음 한 일은 마트에서 사람들의 소비 패턴을 관찰하는 것이었고, 두 번째로는 실험이었다. 같은 상품이라도 진열 위치를 바꾸거나 '50% 할인' 같은 문구를 붙이는 것만으로도 판매량이 크게 달라졌다. 할인을 진행할 때는 '50% 할인'이라는 단순한 문구 대신 '오늘만 50% 할인'이라는 문구를 썼더니 반응이 완전히 달랐다. '50% 할인'은 단순한 정보였지만, '오늘만'이라는 단어를 넣자 조급함을 자극했다. 고객은 선택하지 않으면 무언가를 잃는다는 두려움에 움직였다. 이 작은 변화가 매출을 크게 바꿨다. 그때 나는 선택을 설계하려면 사람의 감정과 무의식을 공략해야 한다는 것을 깨달았다.

심리해킹은 바로 이런 기술이다. 사람들이 스스로 선택했다고 믿게 만드는 힘. 강요도 설득도 필요 없다. 그저 무의식이 움직이도록 설계하면 된다. 그것은 단순히 제품을 파는 기술이 아닌 사람의 마음을 읽고, 행동의 이유를 이해하며, 원하는 결과를 이끌어내는 기술이다.

나는 익숙함이 선택을 유도할 수 있다는 것을 알게 되었다. 익숙함은 무의식적으로 안전하다고 느껴지기 때문이다. 고객은 스스로 선택했다고 믿었지만, 실은 그 익숙함이 그들의 손을 움직이고 있었다.

구매를 결정할 때 감정이 선택에 얼마나 강력하게 작용하는지도 배웠다. 사람들은 단순히 물건을 사는 게 아니었다. 그 물건이 자신을 더 나은 사람으로 만들어줄 것이라는 기대 혹은 현재 느끼는 결핍을 채워줄 것이라는 희망이 그들을 움직였다. 심리해킹은 그 감정을 정확히 자극하는 것이다. 불안, 결핍, 욕구 같은 감정은 우리가 내리는 모든 선택 뒤에 숨어 있었다.

하지만 심리해킹은 위험하기도 했다. 사람들의 무의식을 설계하는 일이기에 그 경계는 얇고 섬세했다. 특히 내가 이 기술을 가족에게까지 활용했을 때, 아차 싶었던 순간이 있었다.

한번은 동생들에게 내 의견을 관철하려고 심리해킹 기술을 무심코 사용했다. 먼저 익숙한 말투와 표현으로 설득의 기반을 만들었다. 그리고 동생들이 걱정할 만한 문제를 슬쩍 던져 조급해져서 결정하도록 유도했다. 마지막으로 내가 원하는 방향을 마치 자연스러운 해결책처럼 제안했다. 동생들은 내 제안을 '옳다'며 받아들였고, 나는 그 순간 묘한 성취감을 느꼈다.

하지만 곧 후회가 밀려왔다. 내 행동이 너무나 부자연스럽게 느껴졌다. 나는 가족을 위해서라며 움직였지만, 진짜 이유는 내 의도를 관철하려는 것이었다. 그들의 선택은 그들 스스로 한 것이 아니었다. 나는 그걸 알고 있었다. 가족이란 서로를 존중하고 믿어야 하는 관계인데, 나는 그 신뢰를 이용한 셈이었다.

그때 깨달았다. 심리해킹은 내가 원하는 것을 모두 이룰 수 있는 기술이지만, 그만큼 조심스럽게 사용해야 한다는 것을. 목적이 무엇인지, 그 목적이 정당한지 스스로 끊임없이 물어야 했다. 사람의 무의식을 조종한다는 건 단순한 일이 아니다. 잘못된 의도와 결합하면 관계를 무너뜨릴 수도 있었다.

심리해킹은 단순한 마케팅이 아니다. 그것은 사람의 마음을 움직이고, 무의식을 건드리는 힘이다. 올바르게 사용하면 사람을 이해하고 소통을 깊게 만들 수 있지만, 잘못 사용하면 조작과 통제가 된다. 나는 그날 이후 나 자신에게 엄격한 기준을 세웠다. 이 기술은 누군가를 설득하는 것이 아니라, 스스로 움직일 수 있도록 돕는 데 사용해야 한다고. 가족에게 다시는 그런 실수를 하지 않기로 결심했다.

심리해킹은 효과가 좋은 만큼 책임이 따른다. 이 책에서는 심리해킹을 모두 다루지만 당신이 이 기술을 배우고 사용할 때, 그 목적이 무엇인지 항상 물어야 한다. 목적이 옳지 않다면, 그 기술이 당신을 무너뜨릴 수도 있다. 심리해킹은 도구다. 그것을 어떻게 사용하는지는 당신의 선택이다.

▼
핵심 문장
심리해킹은 사람의 마음을 움직이는 힘이다. 그러나 그 힘은 도구일 뿐 당신의 의도로 사람의 마음을 흔들 수 있다.

감정과 무의식의 작동 원리

나는 한때 충동에 따라 행동했고 스스로 합리적이라고 믿었지만 감정에 휘둘려 잘못된 구매를 지속했다. 어느 날, 물을 사러 편의점에 들어갔다. 목이 말랐으니 물 한 병이면 충분했다. 그런데 물과 함께 내 손에 들린 것은 맥주 한 캔이었다. 이유는 간단했다. '오늘 하루 고생했으니, 맥주 한 캔 할까?'라는 생각이 머릿속에 스쳤기 때문이다.

물이 필요하다는 이성적 판단은 아무 소용이 없었다. 내가 원하는 건 맥주가 주는 작은 위로와 기분 전환이었다. 이미 그 순간 감정에 조종당하고 있었던 것이다. 감정이 선택의 주도권을 쥐고 있었다.

사람들은 물건을 살 때 이성과 감정 사이에서 싸운다. "지금 필요한 건 이것이야"라고 말하는 이성과 "이것이 나를 행복하게 만들 거야"라고 속삭이는 감정 두 가지가 충돌할 때 승자는 언제나 감정이다. 인간의 뇌는 선택을 내릴 때, 단순히 필요를 고려하는 것이 아니라 '이 물건이 나를 어떻게 느끼게 할까?'라는 질문을 무의식적으로 던진다. 맥주는 단순히 목마름을 해결하는 물건이 아니라 '오늘 하루를 보상받는 작은 위로'였다. 사람들은 자신을 더 기분 좋게 만드는 선택을 하고 감정은 언제나 가장 쉽게 동기부여가 된다.

인간의 뇌는 정보를 처리할 때 감정이 먼저 반응하고, 논리는 그 선택을 나중에 합리화하는데, 마케터들은 이 점을 정확히 이해한다. 그래서 제품의 기능을 강조하기보다 그 제품이 소비자에게 어떤 감정을 줄 수 있는지를 상상하게 만든다. 예를 들어, 맥주는 단순히 '시원하다'로 끝나지 않는다. 맥주는 '오늘을 마무리하는 작은 행복'으로 포장된다. 광고 속 모델은 맥주 한 잔으로 웃으며 하루를 마감하고, 포스터의 문구는 이렇게 말한다.

"고생한 나를 위한 작은 사치."

이런 메시지는 이성보다 감정에 먼저 닿는다. 결국, 우리는 제품 자체가 아니라 그 제품이 만들어줄 감정적 경험을 산다.

우리가 내리는 선택은 대부분 의식적이라고 믿는다. 논리적으로 사고하고, 스스로 판단했다고 생각한다. 하지만 실제로는 그렇지 않다. 행동의 90% 이상은 무의식에 따른다. 그리고 그 행동을 움직이게 하는 것이 바로 감정이다.

처음 이 원리를 깨달은 건 작은 사건에서였다. 나는 한 번도 입어본 적 없는 특정 브랜드의 옷을 사려고 검색하고 있었다. 광고에서 본 이미지가 계속 머릿속에 떠올랐다. 그 옷을 입으면 나도 광고 속 모델처럼 보일 것 같다는 느낌이 들었다. 하지만 그건 말 그대로 느낌이었다. 옷을 사야 할 이유가 없었다. 그러나 이미 마음은 결정을 내리고 있었고 손이 움직여 결제까지 끝냈다.

왜 이런 일이 벌어졌을까? 내가 사려던 건 옷이 아니라 그 옷이 줄 것이라고 믿었던 감정이었다. 더 나아 보이고 싶다는 기대감, 그 옷을 입은 모습 상상 그리고 광고에서 주입된 환상. 이 모든 감정이 무의식을 자극했고, 나는 그것에 따라 움직였다.

감정은 무의식의 스위치를 켠다. 불안, 기대감, 결핍감, 흥분, 두려움 같은 감정이 우리의 행동을 촉발한다. 한 번은 급하게 호텔을 예약해야 할 일이 생겼다. 선택의 순간 "객실이 한 개 남았습니다"라는 문구가 화면에 떴다. 그 순간 머리는 멈추고 손이 먼저 움직였다. 왜 그렇게 급했을까? 그때 느낀 건 방을 놓칠지 모른다는 두려움이었다. 이 두려움이 이성적으로 판단할 여유를 빼앗아 갔다.

감정의 힘은 여기서 끝나지 않는다. 반복적인 감정 자극은 무의식에 깊이 새겨진다. 광고는 이를 정확히 노린다. 계속해서 같은 이미지를 노출한 브랜드는 신뢰감을 만든다. 익숙함은 안전하다는 착각을 불러일으킨다. 자주 사용하는 브랜드가 아닌 제품은 익숙하지 않다는 이유만으로 손이 머뭇거리는 반면, 자주 보던 브랜드는 아무 저항 없이 선택한다. 그 브랜드를 내가 신뢰하는 거라고 생각했지만, 사실은 단지 익숙함이 만들어낸 환상이었다.

무의식은 익숙함을 신뢰로 바꾼다. 우리는 자주 보고, 자주 듣고, 자주 접하는 것을 안전하다고 느낀다. 이 익숙함이 우리의 무의식에 자리 잡으면 무의식은 이것을 신뢰로 해석하고, 우리는 그 대상을 선택한다. 선택은 이미 끝났고 머리는 그 선택을 정당화하려고 움직일 뿐이다.

감정과 무의식은 서로 강화한다. 무의식은 감정을 통해 학습하고, 감정은 무의식 속 익숙한 패턴으로 더 강력해진다. 내가 세일 문구에 끌린 이유도 여기에 있다. "지금 아니면 안 된다"라는 메시지가 조급함을 자극했고, 그 조급함이 무의식적으로 나를 움직였다. 하지만 이 조급함조차 경험이 만들어낸 것이고 나는 언제나 그 흐름에 따라 움직였을 뿐이다.

무의식은 신호에 반응하는 자동화된 시스템이다. 빨간 세일 태그, 강렬한 문구, 익숙한 이미지. 이런 시각적·청각적 자극은 무의식을 직접적으로 자극한다. 한 번은 '마지막 기회!'라는 문구를 보고 구매를 결정한 적이 있다. 내가 선택했다고 믿었지만 사실은 마지막이라는 단어가 나의 두려움을 건드렸을 뿐이다.

우리의 선택은 단순하지 않다. 감정이 행동을 유도하고, 무의식은 익숙함과 계속되는 자극으로 우리의 선택을 설계한다. 이 두 가지가 결합하면 우리는 스스로 선택했다고 믿지만, 실은 이미 설계된 흐름 속에서 움직이는 것이다.

이 원리를 이해하지 못하면 우리는 끊임없이 조종당한다. 익숙함이 만들어낸 신뢰, 감정이 이끄는 충동. 이 모든 흐름이 우리를 움직인다. 하지만 그 흐름을 이해하는 순간 우리는 선택의 주체가 된다. 감정과 무의식이 어떻게 작동하는지 깨닫는 것은 단순히 우리의 행동을 이해하는 것이 아니다. 그것은 우리 삶을 설계할 힘을 갖게 되는 것이다.

그래서 질문해야 한다. 내가 느끼는 이 불안, 기대, 익숙함은 어디에서 왔는가? 그것은 나의 진짜 필요인가, 아니면 누군가가 만든 자극에 따라 설계된 것인가? 이 질문을 던지는 순간, 우리는 무의식을 깨우기 시작한다. 감정과 무의식은 강력하지만 그 흐름을 읽고 설계한다면, 그 힘은 내 것이 된다.

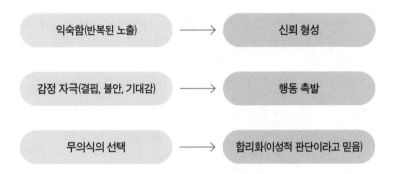

▼
핵심 문장
감정과 무의식은 우리의 선택을 조종하지만 그 흐름을 깨닫는 순간 우리는 조종자가 된다.

설득은 어떻게 할까

사람들은 설득이 논리적 이유에서 시작된다고 믿는다. 하지만 설득은 절대 논리로 이루어지지 않는다. 설득은 감정을 움직이는 기술이다. 사람들은 자신이 합리적인 선택을 했다고 믿지만, 실상은 그 감정과 무의식이 설계된 흐름 속에서 움직일 뿐이고, 설득은 그 흐름을 만드는 과정이다.

어떤 대화를 떠올려보자. 내가 상대방에게 새로운 아이디어를 전달하려고 한다. 상대는 처음에는 방어적이다. '왜 이걸 해야 하지?'라는 의문이 머릿속에 가득할 것이다. 여기서 논리적으로 다가가는 건 위험하다. "이게 왜 맞는지 내가 증명해볼게." 이렇게 시작하면 상대는 이미 방어 태세에 돌입하고 설득이 아니라 논쟁으로 흐르게 된다.

그런데 다른 방식으로 접근해보자. "내가 이렇게 생각하는 이유가 있어. 하지만 먼저 네 생각을 듣고 싶어." 이렇게 대화를 열면 어떨까? 상대는 방어를 풀기 시작한다. 자신의 의견이 존중받고 있다는 느낌을 받으면 자연스럽게 열린 자세로 대화에 참여하게 된다. 이게 바로 설득의 시작이다. 설득은 상대방의 마음을 여는 것에서 시작된다. 문이 열리지 않는다면 어떤 메시지도 전달되지 않는다.

익숙함도 설득의 중요한 요소다. 사람들은 낯선 것을 경계한다. 새로운 아이디어나 메시지를 전달할 때는 상대가 이미 알고 있는 것과 연결 지어야 한다. "이건 완전히 새로운 거야"라는 말보다 "이전에 우리가 했던 것과 비슷한데, 조금 더 나은 방식이야"라는 식으로 접근하면 더 효과적이다. 익숙함은 신뢰를 만든다. 그리고 신뢰는 설득을 가능하게 한다.

한 번은 팀원들에게 새로운 프로젝트를 설득해야 하는 일이 있었다. 내가 던진 아이디어는 완전히 새로운 것이었다. 낯선 것을 처음부터 복잡하게 설명했다면 반발이 컸을 것이다. 그래서 이전에 성공했던 프로젝트와 연결 지었다. "우리 전에 했던 방식 기억하지? 이번에도 비슷한데, 조금 다르게 접근해보자." 익숙한 프레임워크 안에서 변화를 제안하자 팀원들은 쉽게 동의했다. 설득은 이렇게 익숙함 속에서 이루어진다.

설득은 강요하지 않는다. 오히려 선택의 여지를 주는 것처럼 보인다. 사람들은 스스로 결정했다고 느낄 때 움직인다. "이 방법이 가장 좋아. 이걸 해야 해"라고 말하면 반발심이 생긴다. 하지만 "이 방법도 괜찮은 것 같아. 어떻게 생각해?"라고 물으면 다르다. 상대는 자신의 의견이 중요하다고 느끼며 선택을 스스로 했다고 믿는다. 하지만 그 선택은 이미 내가 만들어놓은 흐름 안에서 이루어진 것이다.

작은 동의에서 시작하는 것도 설득의 핵심이다. 사람들은 한꺼번에 큰 결정을 내리길 두려워한다. 작은 끄덕임, 사소한 합의부터 시작해야 한다. "이 부분은 우리 모두 동의하지?" 작은 동의를 얻으면 다음 단계로 넘어가기가 훨씬 수월해진다. 설득은 점진적인 과정이다. 상대방이 작은 부분에서 동의하기 시작하면, 점차 큰 결정을 내릴 준비가 된다.

감정은 설득의 스위치다. 사람들이 이성적으로 움직인다고 믿지만, 사실 그 뒤에는 항상 감정이 있다. 불안, 기대감, 흥미, 두려움 같은 감정이 행동을 유도한다. 설득은 이 감정을 자극하는 기술이다.

예를 들어, "이 방법을 놓치면 큰 기회를 잃을 수 있다"라는 말을 들으면 사람은 불안을 느낀다. 이 불안은 행동을 촉발한다. 반대로 "이 방법을 선택하면 더 나아질 수 있다"라는 메시지는 기대감을 심어준다. 감정은 설득의 문을 여는 열쇠다.

설득은 논리가 아니라 흐름이다. 감정을 자극하고, 익숙함을 심어주고, 상대가 스스로 선택했다고 믿게 만들고, 작은 동의에서 시작해 점차 큰 결정을 이끌어낸다. 이 모든 과정은 자연스럽게 이루어진다. 상대가 설득당했다고 느끼지 못하도록 해야 한다. 설득은 상대가 스스로 움직이게 만드는 기술이다.

설득은 누군가를 조종하거나 강요하는 것이 아니라 흐름을 설계하고, 그 흐름 속에서 상대가 자연스럽게 선택하도록 돕는 것이다.

결국 설득은 이렇게 이루어진다. 감정과 익숙함을 활용해 방어를 무너뜨리고, 작은 동의로 흐름을 만들며, 상대가 스스로 선택했다고 느끼게 만드는 과정. 이 모든 것이 설득이다. 당신이 설득의 흐름을 이해한다면, 더 논쟁하지 않아도 된다. 당신의 메시지는 자연스럽게 전달되고, 상대는 스스로 움직일 것이다.

판매는 설득의 연장선이다. 고객이 내 상품을 선택하도록 설득하는 과정 그 자체다. 내가 하는 일은 온라인 판매가 주를 이루기에 온라인에서 마케팅 전략은 내 설득 기술을 시험하는 장이기도 하다. 오프라인에서 직접 얼굴을 보고 설득하는 것과 달리, 온라인에서는 모든 게 디지털 화면 속에서 이루어진다. 고객은 나를 보지도, 내가 무엇을 말하려는지도 모른다. 하지만 그들의 마음은 여전히 움직인다.

온라인 판매는 단순히 상품을 나열하는 것이 아니라 고객의 무의식과 감정을 설계하는 것이다. 첫눈에 끌리게 만들고, 익숙함을 심어 신뢰를 쌓으며, 조급함을 활용해 행동을 유도한다. 이 모든 과정이 설득의 흐름 속에서 이루어진다. 고객은 스스로 선택했다고 믿겠지만, 그 선택은 이미 내가 설계한 흐름 속에서 이루어진 결과다.

▼ 핵심 문장
설득은 논리로 이기는 것이 아니라 감정과 무의식을 움직이는 흐름을 만드는 일이다.

고객은 왜 자신이 설득당했다고
믿지 않을까

길을 가다가 "이거 한 번 써보세요!"라며 다가오는 판매원을 본 적이 있을 것이다. "이거 정말 필요해 보이세요! 한 번 써보세요." 그의 말투와 태도에 나는 반사적으로 고개를 저었다. 억지로 무엇인가를 사야 한다는 느낌이 너무 불편했다. 판매원이 떠난 뒤에도 마음속에는 괜한 미안함과 찝찝함이 남아 있었다.

하지만 몇 주 후 나는 똑같은 제품을 온라인에서 구매했다. 이유는 단순했다. 광고에서 이 제품이 '많은 사람이 쓰고 있다'며 추천되었고, 리뷰가 정말 좋아 보였다. 무엇보다 강요당하는 느낌이 없었다. 나는 이렇게 말했다. "이건 내가 필요해서 산 거야."

하지만 그때는 몰랐다. 내가 이미 심리해킹의 흐름에 따라 움직이고 있었다는 사실을.

사람들은 스스로 선택했다고 믿는 순간 설득당했다는 사실을 부정한다. 누군가에게 본인이 이끌렸다는 것을 믿을 수 없기 때문이다.

심리해킹의 본질이 여기에 있다. 강압적인 권유는 사람들을 불편하게 만든다. 하지만 무의식 속에서 선택했을 때 사람들은 그 결정을 정당화한다. 그렇기에 성공하는 마케팅은 소비자가 자신의 선택이라고 착각하도록 설계하는 것이다.

> 한쪽에는 소비자의 무의식을 설계하려는 자들이 있다.

> 다른 한쪽에는 그 설계된 흐름에 끌려다니는 사람들이 있다.

무의식은 이 전장에서 가장 중요하다. 무의식을 설계하는 자는 세상을 지배한다. 반면, 무의식을 이해하지 못하는 사람은 항상 흐름에 휩쓸리며 패자의 자리에 남는다.

사람들은 스스로 의식적인 선택을 내리고 있다고 믿는다. 내가 먹고 싶은 음식을 골랐고, 입고 싶은 옷을 샀고, 사고 싶은 물건을 구매했다고 확신한다. 그러나 대부분의 선택은 무의식에서 이루어진다. 심리학 연구에 따르면 우리의 일상적인 결정 중 90% 이상이 무의식에서 자동으로 이루어진다고 한다.

강압적으로 권유받는 순간 사람들은 즉시 불편함을 느낀다. 왜냐하면 그 순간에는 자신이 설계된 흐름 속에 있다는 것을 눈치채기 때문이다. 길거리 판매원이 "이거 꼭 필요해 보이시네요"라며 다가올 때, 우리는 본능적으로 방어 태세를 취한다. 왜냐하면 선택의 주도권을 빼앗긴 것처럼 느껴지기 때문이다.

하지만 같은 제품이라도 누군가의 강요 없이 스스로 결정했다고 믿는 순간, 상황은 완전히 달라진다. 이때는 구매에 따른 불쾌감이 사라지고, 심지어 만족해하기도 한다. 구매한 다음에는 이렇게 말한다. "이거 내가 써봤는데 진짜 좋아. 너도 써봐."

심리해킹은 소비자에게 선택의 주도권을 빼앗는 것이 아니라, 그들이 스스로 선택했다고 믿게 만드는 기술이다. 같은 제품이라도 강요와 무의식 설계의 차이는 소비자 경험에 엄청난 차이를 만든다.

▼ 핵심 문장
마케터라면 고객의 선택을 기다리지 말고 선택할 무대를 만들어라.

무의식이 만들어내는 착각

주말 저녁, 마트 안에서 흘러나오는 노래가 익숙하게 다가왔다. 그 순간, 머릿속에 예전 기억이 스쳐 지나갔다. 그날의 기분, 함께했던 사람들 그리고 그 계절까지 몇 초 만에 감정이 파도처럼 밀려왔다. 이것이 무의식의 작동 방식이었다.

감정은 단순한 기분이 아니다. 우리의 뇌는 감정적 순간을 강하게 각인한다. 그리고 비슷한 자극이 들어오면 무의식 속에 묻혀 있던 기억과 감정이 즉각 반응한다. 과거에 특정 브랜드의 쿠키를 먹으며 행복했던 기억이 남아 있다면, 그 쿠키를 다시 보았을 때 "이걸 사면 그때처럼 기분이 좋아질 거야"라는 무의식적 신호가 작동한다. 이 신호를 의식하지 못하는 사이 손이 먼저 움직일 뿐이다.

처음 간 카페에서 메뉴판을 보며 고민한다. "이건 좀 흔한 것 같고, 저건 비싸 보이는데." 결국 가장 무난해 보이는 메뉴를 고른다. "난 심플한 걸 좋아하니까." 하지만 정말 그랬을까? 내가 고른 메뉴는 메뉴판에서 가장 큰 글씨로 쓰인 것이었다. 무의식은 이미 그 순간 결정을 내려놨다. 그리고 나는 그 결과를 내 취향이라고 믿었다.

무의식은 항상 배후에서 작동한다. 당신이 보고 듣고 느낀 모든 것이 무의식 속에 저장된다. 그리고 선택하는 순간, 무의식은 과거 경험과 익숙함, 감정을 결합해 결론을 내린다. 당신은 그 결론을 본능적인 직관이라고 착각한다. 사실은 이미 무의식이 만들어낸 결과를 단지 받아들였을 뿐인데 말이다.

이 과정은 너무나 매끄럽게 이루어진다. 특정 브랜드의 로고를 반복적으로 보게 되면, 그 브랜드에 대한 친근감이 쌓인다. 실제로 구매를 결정하려는 순간, 무의식은 그 친근감을 끌어올린다. 당신은

'이 브랜드는 믿을 만해'라고 생각하지만, 그 믿음의 근거는 단 하나, 단지 그 로고를 자주 봤다는 사실뿐이다.

무의식은 단순히 익숙함만 활용하지 않는다. 감정도 조종한다. 특정 색상은 당신을 편안하게 하고, 특정 향기는 행복하게 만든다. 이 자극들은 미묘하지만 강력하다. 특정 제품을 보고 느껴지는 막연한 좋은 느낌은 대부분 이런 자극들에서 온다. '이 제품은 왜 그런지 모르겠지만 그냥 좋아'라고 생각하지만, 사실 그것은 무의식이 만든 착각이다.

광고는 이 무의식을 정조준한다. 사람들은 광고가 별로 효과가 없다고 말한다. 하지만 무의식은 다르게 반응한다. 반복적으로 노출된 메시지는 무의식 속에 자리 잡는다. 제품을 구매하려는 순간, 그 메시지가 자연스럽게 떠오른다. "이 제품은 품질이 좋잖아?" 그러나 그 생각은 광고가 심어놓은 결과일 뿐이다.

무의식은 단지 상품을 선택하는 데만 작동하지 않는다. 인간관계에서도 똑같다. 처음 만난 사람에 대한 인상은 무의식이 과거 경험을 바탕으로 내린다. 특정 말투나 표정이 무의식을 자극한다. 당신은 그 사람이 믿을 만하다고 느끼거나, 반대로 불편하다고 판단한다.

카페에 있는데 한 남자가 들어왔다고 해보자. 그는 배가 나온데다 명품 클러치백을 들고 있으며 문신도 있다. 사람들은 대부분 머릿속에 '양아치'라는 세 글자가 바로 생각날 것이다. 당신이 상대를 제대로 알기도 전에 무의식이 이미 결론을 내려버린 것이다. 당신은 그 결론을 자기 생각이라고 믿으며 합리화한다.

무의식은 착각을 통해 우리를 움직인다. 선택하는 순간, 우리는 스스로 판단했다고 확신한다. 하지만 진실은 그 믿음조차 무의식이 만들어냈다는 것이다. 무의식은 배후에서 작동하며, 당신이 그것을 절대 눈치채지 못하도록 설계되어 있다. 이것이 무의식의 힘이다.

그러나 이 착각을 이해하는 순간 흐름을 역으로 읽을 수 있다. 무언가를 선택할 때 자기 자신에게 물어야 한다. "왜 이걸 선택했지? 이 판단의 근거는 뭘까?" 이 질문은 무의식의 흐름을 의식으로 끌어올리는 첫걸음이다. 무의식이 만들어내는 착각에서 벗어나는 유일한 방법은 그 착각을 깨닫는 것이다.

무의식은 강력하다. 당신의 행동을 조종하고 선택을 설계한다. 하지만 그 힘을 이해하고 활용하는 순간, 당신은 더 이상 조종당하지 않는다. 착각에서 벗어나 선택의 주인이 되는 것, 그것이 무의식에 맞설 수 있는 유일한 길이다.

▼
핵심 문장
무의식은 우리가 선택했다고 믿는 모든 순간의 배후에 있다. 하지만 그 착각을 깨닫는 순간, 당신은 조종당하지 않는 선택의 주인이 된다. 선택의 이유를 묻는 것이 자유의 시작이다.

이건 내 선택이라고 믿게 하는 기술

우리는 매일 수많은 결정을 내리며 살아간다. 점심 메뉴를 고르고, 아이를 위한 물건을 사고, 간단한 쇼핑을 할 때조차 내가 스스로 한 결정이라고 믿는다. 하지만 정말 그럴까? 사실 대부분 선택은 이미 설계된 흐름 속에서 이루어진다. 강요하는 대신 흐름을 설계하고, 무의식과 감정을 자극해 스스로 결정했다고 느끼게 만드는 기술이 바로 그것이다. 그럼, 이 기술이 어떻게 작동하는지 살펴보자.

① 선택의 여지를 설계하라

사람은 선택할 때 자유를 원한다. 하지만 선택지가 너무 적으면 강요받는 기분이 들고, 너무 많으면 혼란스러워한다. 그래서 선택지가 다양해 보이지만 결국 하나로 모이는 방향으로 설계해야 한다.

음식점에서 세 가지 세트를 제공해보자.
A세트: 기본 메뉴
B세트: '가성비' 추천 메뉴
C세트: 고가 프리미엄 메뉴

손님은 대부분 B세트를 선택한다. 적당한 가격에 합리적이라는 느낌이 들도록 설계되어 있기 때문이다. 이 선택을 한 고객은 이렇게 말할 것이다. A는 뭔가 보잘것없어 보이고 C는 고가라서 낭비하는 느낌이 든다. 그랬을 때 80% 이상이 B를 선택한 후 "내가 합리적인 선택을 했어"라고 한다. 그러나 이 선택은 이미 음식점에서 원하는 방향으로 유도한 결과다.

② 유명하다는 것을 각인하라

고객은 유명한 것을 믿는다. 아니, 유명하다고 느끼는 순간 믿음을 갖는다. 사람들이 선택을 망설이는 이유는 단순하다. 안전성을 확신하지 못하기 때문이다. 하지만 누군가 "이 제품은 유명하다"라고 말하면 고객의 마음은 달라진다. 유명함은 곧 신뢰로 이어진다. 그렇다면 마케터가 해야 할 일은 무엇인가? 간단하다. 제품이 유명하다는 것을 각인시키는 것이다.

특히 감정적인 결정을 내리는 육아용품 시장에서는 이 효과가 배가된다. 초보 부모들은 안전한 선택을 선호한다. 그들이 가장 두려워하는 것은 실패다. 그래서 이미 검증된 제품, 즉 유명한 제품을 선택하려 한다.

한 육아용품 업체는 '맘카페' 같은 커뮤니티에서 출산 준비 리스트를 꾸준히 공유하는 전략을 사용하였다. 예를 들어, '추천 출산 준비 리스트'라는 제목으로 정기적으로 리스트를 올리면서 그 안에 본인이 판매하는 제품을 자연스럽게 끼워 넣었다.

부모들은 처음엔 '아, 이런 제품도 있구나'라고 생각하지만, 리스트를 계속 보게 되면 해당 제품이 마치 출산 준비의 필수품처럼 느껴지게 된다. 시간이 지나면서 그 제품은 '유명한 국민템'으로 자리 잡는다. 예를 들어, "신생아 부모가 꼭 써야 하는 ○○ 기저귀"처럼 자연스럽게 대화에 섞여 들어간 것이다.

이 과정에서 중요한 점은 단번에 강렬한 광고 내세우기 전략이 아닌 타깃 소비자에게 은근히, 꾸준히 익숙해지게 만들었다는 것이다. 그렇기에 소비자는 광고라고 인식하기보다는 정보성으로 다가와 지속적으로 인지됨으로써 자연스럽게 브랜드나 제품을 각인하고 신뢰를 쌓는다. 이렇게 반복된 노출은 소비자에게 다음과 같은 효과를 만든다.

안전감: 많은 사람이 쓰는 제품이라면 괜찮겠지.
유명하다는 인식은 곧 안전하다는 메시지를 전달한다. 초보 부모처럼 경험이 부족한 소비자들은 이미 검증된 선택지를 따르는 것이 실패를 줄이는 길이라고 믿는다.
검증된 느낌: 이건 이미 다들 쓰는 거니까 실패하지 않을 거야.
소비자는 주변에서 많이 쓰는 제품을 볼 때마다 그것이 이미 검증된 것처럼 느낀다. 실제 품질을 확인하기 전에 마음속에서 이미 선택이 완료된다.
기본값 설정: 출산 준비할 땐 당연히 이 제품부터 써야지.
반복적으로 노출된 제품은 소비자에게 유명하다는 것으로 각인

된다. 그랬을 때 곧바로 기본 선택지가 된다. 대안이 있어도 그 제품이 기본값처럼 느껴지기 때문에 우선적으로 선택된다.

결국 반복적으로 보이면 유명함이 각인되어 어느 순간 그 제품은 특별한 이유 없이 '믿을 만한 국민템'으로 자리 잡는다. 그렇기에 '익숙함을 심는다'는 것은 곧 신뢰를 설계한다는 의미다.

실제로 우리 마케팅 직원은 아이를 출산했을 때 아기용품이 중국산이라는 것, 우리와 협력업체였던 마케팅회사 제품이란 것을 알았는데도 유명함으로 각인되어 구매한 사례가 있다.

③ 감정을 자극하라

감정은 행동을 촉발하는 첫 번째 요소이다. 불안, 기대, 결핍, 흥분 같은 감정은 사람의 선택을 빠르고 강력하게 움직인다. 특히 육아 시장에서는 "아이에게 최선의 선택을 하고 싶다"라는 부모의 심리가 강하게 작용한다. 이를 자극하면 소비자는 자신의 선택을 더욱 정당화하며 행동으로 옮긴다.

품절 대란을 활용해보자.

어린이 교구 장난감 광고에 "당분간 입고 예정 없음"이라는 문구를 띄운다. 이 문구는 소비자에게 강렬한 불안감을 준다.

"지금 구매하지 않으면 내 아이에게 좋은 제품을 놓칠 수도 있다!"

부모들은 즉시 반응할 수밖에 없다. 여기에 '지금 구매하면 30% 할인!'이라는 혜택을 추가하면, 감정적 반응은 더욱 극대화된다. 불안과 결핍이 혜택의 기대감과 결합하면서 소비자는 '이건 놓칠 수 없어'라는 생각을 스스로 합리화한다.

오프라인 품절 메시지도 효과적이다.

"이미 오프라인에서는 품절! 오늘만 온라인 단독 구매 가능!"이라는 문구는 소비자가 느끼는 희소성을 자극한다.

"지금 이곳에서 사지 않으면 더는 구할 수 없을지도 몰라."

이러한 긴급한 메시지는 고객의 두려움을 건드리며 즉각적인 구매를 유도한다. 여기서 핵심 포인트는 다음과 같다.

불안 자극: 좋은 기회를 놓치면 안 돼!
희소성 강조: 지금 아니면 기회는 없을지도 몰라!
혜택 제공: 더 나은 조건까지 있으니 지금이 적기야!

이 모든 요소는 소비자가 스스로 '이 기회를 잡아야 해'라고 믿게 만든다. 감정 자극은 단순히 행동을 촉발하는 데 그치지 않고 선택을 만족스러운 경험으로 포장해준다. 결국 감정은 행동을 이끄는 스위치다. 소비자는 '내가 선택했다'고 느끼지만, 그 배경에는 당신이 설계한 감정적 흐름이 있다.

④ 작은 동의에서 시작하라

큰 결정보다는 작은 동의로 시작하는 것이 신뢰를 쌓고 고객의 부담을 덜어준다. 특히 어린아이들이 사용하는 제품 시장에서는 '부모의 선택 부담'을 줄이는 것이 핵심이다. 간단하고 부담 없는 시작은 고객의 마음을 여는 열쇠다. 어린이 교구의 단계적 접근법을 살펴보자.

- **무료 샘플 제공**

먼저, 고객에게 부담 없는 첫 단계를 제안한다. "지금 신청하면 7일간 무료로 샘플을 사용하실 수 있습니다!"

고객은 '무료니까 한 번 써볼까?'라는 마음으로 제품을 경험하게 된다.

- **한 달 사용 시 할인 혜택**

제품을 써본 고객에게는 다음 단계를 제시한다. "한 달 사용 시 50% 할인! 지금 신청하세요!"

이 단계에서 고객은 '생각보다 괜찮네. 할인도 하니 한번 써보자'며 신뢰를 쌓는다.

- **구독제로 연결**

최종적으로 고객의 편리함을 강조하며 구독제를 권한다. "아이의 학습 레벨에 맞춰 학습이 끝나기 전 알아서 배송됩니다."

고객은 '따로 신경 쓰지 않아도 우리 아이의 학습 레벨에 맞춰 알아서 배송되니 편리하다'며 구독을 선택한다.

- 핵심 설계

작은 동의: 무료 샘플 → 저렴한 가격 → 구독제 전환

부담 제거: 고객이 쉽게 시작할 수 있도록 진입 장벽을 낮춘다.

편리함 강조: 아이 성장에 맞춘 정기 배송은 바쁜 부모들에게 매력적이다.

- 결과

처음에는 무료 샘플로 가볍게 시작한 고객이 어느새 제품에 익숙해지고, 최종적으로 정기 구독 고객으로 전환된다. 고객은 '처음엔 샘플로 써봤는데 이게 가장 편하네'라고 믿으며 자연스럽게 장기 고객이 된다.

- 결론

작은 동의는 신뢰를 쌓는 첫걸음이다. 부담 없는 경험에서 출발해 점차 고객의 결정을 키워가는 이 전략은 단순하면서도 효과적이다.

"처음엔 가볍게 시작했지만, 이제는 없어선 안 될 제품으로 자리 잡는다."

이 흐름이 바로 고객의 마음을 움직이는 설계의 힘이다.

⑤ 결정 후 합리화를 유도하라

사람은 자신이 설득당했다고 깨닫는 순간 불쾌감을 느낀다. 하

지만 스스로 결정했다고 믿으면, 그 선택을 정당화하며 만족감을 얻는다. 구매 이후의 경험도 마케팅의 연장선이다. 고객이 스스로 선택한 것이 '정말 탁월했다'고 믿게 만들어야 한다.

어린이 교구 사이트에서 고객이 제품을 구매한 후 다음과 같은 콘텐츠를 활용할 수 있다고 해보자.

• SNS 리뷰와 사용자 사진

"만약 이게 장난감이었다면 끔찍했겠지. 하지만 교구라는 거. 정말 뿌듯해!" 혹은 "어린이집 엄마들 대란템이라 진짜인가 싶었지만 왜 대란인지 알겠다는…. 우리 아이도 TV 없이 잘 놀고 있음."

고객이 믿을 만한 일반 부모들의 솔직한 후기를 보여준다. 자연스럽게 고객은 "다들 이걸 쓰고 있구나. 내 선택이 옳았어"라고 확신하게 된다.

• '베스트셀러' 타이틀

제품 페이지에 "이미 전국 1만 부모가 선택한 제품" 같은 문구를 추가한다.

고객은 "이 정도로 많은 사람이 쓰는 거라면 내가 잘 선택한 거야"라며 안심한다.

• 후속 카톡이나 이메일

"이 제품을 선택하신 것은 정말 현명한 결정입니다! 고객님의 선택에 아이가 좀 더 크게 생각을 확장하게 될 것입니다. 또한 고객님이 구매하신 금액 일부분은 저소득층 아이에게 후원되었음을 알려드립니다. 저희 브랜드의 가족이 되신 것을 축하드립니다."

이런 메시지는 구매 후에도 고객이 자부심을 느끼게 만든다.

• **추가 혜택**

구매 후 이메일로 할인 쿠폰을 제공하며, 고객에게 "당신이 특별한 고객입니다"라는 메시지를 전달한다. 이는 '이곳은 계속 관리해주는 브랜드구나'라는 느낌을 강화한다.

이 기술은 결국 흐름 설계다. 고객이 처음 관심을 가지는 순간부터 구매 후까지도 "내가 아주 잘 선택했구나"라고 믿도록 만드는 과정이다. 핵심은 모든 단계를 자연스럽게 연결하는 것이다. 강요나 인위적인 느낌을 주지 않게끔 판매 이후에도 고객의 무의식을 설계한다. 그 결과 고객은 구매에 만족감을 얻으며 구매 이후까지도 아주잘한 선택이라는 판단까지 얻는다.

• **기술 요약**

선택의 여지 설계: 여러 옵션을 제시하되 한 방향으로 유도한다.

익숙함 심기: 반복 노출로 신뢰를 구축한다.

감정 자극: 불안, 기대, 결핍, 흥분 등으로 행동을 촉발한다.

작은 동의 시작: 부담 없는 선택으로 신뢰를 쌓아간다.

합리화 유도: 구매 후에도 브랜드를 통해 기부함으로써 오히려

브랜드에 고마움을 느끼게 한다.

• 이 기술의 힘은 무엇인가?

그것은 단순히 고객을 조종하는 것이 아니다. 고객이 스스로 선택했다고 느끼며 만족감과 브랜드로 인한 고마움까지 얻는 경험을 만드는 것이다. 그리고 이 경험이 반복될수록 브랜드에 대한 충성도가 생기니 놀랍지 않은가?

▼
핵심 문장

진정한 설득은 강요가 아니라 흐름이다. 고객이 '아주 잘한 선택'이라고 믿도록 자연스럽게 이끄는 것, 그것이 마음을 움직이고 충성도를 만드는 힘이다.

우리는 왜 필요 없는 물건을 사게 될까

얼마 전 둘째 아들이 사탕을 사러 편의점에 갔다. 사탕 하나만 사겠
다고 해서 얼마를 줄까 잠깐 고민하다 자주 먹는 사탕 하나 값이면
되겠지 싶어 천 원을 줬다. 그런데 돌아온 아들의 손에 들린 건 예
상과 달리 마이쮸 두 봉지였다. 손에 꼭 쥔 두 봉지를 자랑하듯 흔
들며 아들은 신이 나서 말했다. "오늘까지만 1+1 행사래!" 나는 아
들의 말에 고개를 끄덕이며 웃었다. 하지만 속으로는 이렇게 생각했
다. '아, 이건 단순한 충동구매구나.'

　아들이 어려서 이런 단순한 유혹에 빠진 걸까? 아니다. 이건 나
도 예외가 아니다. 솔직히 말하면, 구매할 때 우리 모두 이런 선택
을 지속한다. 마치 스스로 결정했다고 믿으면서도, 사실은 누군가가

설계해놓은 심리적 장치에 따라 움직인 결과다.

그날의 일이 계속 머릿속에 맴돌았다. 왜 굳이 사탕 하나면 충분한데, 아들은 두 봉지를 손에 쥐고 계산대에 섰을까? 단순히 사탕이 더 필요했기 때문이 아니었다. 문제는 '지금 안 사면 손해를 본다'는 불안감이었다. 마이쭈 두 봉지는 그 불안감을 해소하는 열쇠였을 뿐이다.

그날 아들이 보여준 행동은 단순한 유혹이 아니었다. 마케팅의 기본은 고객에게 선택을 설계하는 것이다. 그리고 그 선택은 단순히 제품이 필요해서가 아니라 설계된 가치에 따라 결정된다. 마이쭈의 1+1 행사는 아들에게 '더 많이 가져가는 것이 현명한 선택'이라는 메시지를 전달했다. 이 메시지는 단순히 가격의 문제가 아니라 더 큰 가치를 얻는다는 느낌을 주는 데 있다.

우리는 왜 필요 없는 물건을 살까? 그 답은 간단하다. 우리가 구매하는 것은 물건이 아니라 그 물건이 제공하는 느낌과 스토리다. 아들의 예시처럼, 두 봉지를 손에 쥐었을 때 단순히 사탕을 산 게 아니라 자신이 똑똑한 소비자라는 감각을 얻었을 것이다. 이 감각은 짜릿하고, 기분이 좋으며, 결과적으로 구매를 정당화하는 이유가 된다.

이것이 바로 마케터의 역할이다. 고객은 자연스럽게 '이건 놓치면 안 되겠다'는 생각을 하게 되고, 필요 여부와 상관없이 손을 뻗게 된다.

또한 단순히 가격이 저렴하다고 해서 물건을 사지는 않는다. 이 돈으로 얼마나 많은 가치를 얻을 수 있는지를 고민한다. 그래서 1+1 행사는 단순히 두 봉지를 제공하는 것이 아니라, '하나 가격으로 두 배의 가치를 가져간다'는 메시지를 준다. 이 가치는 실제 필요와는 상관없이 고객을 매료한다.

소비자는 이러한 선택을 한 후 그것을 정당화한다. 아들이 두 봉지를 들고 오면서 "오늘까지만 1+1이래!"라고 말한 것도 자신의 선택을 정당화하는 과정이다. 마케터는 이 과정을 알고 있고, 이 정당화를 더 쉽게 만들 수 있도록 돕는다. 예를 들어, 구매 후 받는 작은 보너스, 할인된 금액을 계산해주는 영수증 메시지 등은 고객이 잘 샀다는 느낌을 강화한다.

또한, 구매 순간의 즉각적 만족감도 우리가 필요 없는 물건을 사게 만드는 이유 중 하나다. 사탕 두 봉지를 사서 집으로 돌아가는 길, 아들은 이미 자신의 선택에 만족하며 기분이 좋았을 것이다. 마케터는 이 만족감을 극대화하는 방법을 끊임없이 연구한다. 작은 포장 차이, 문구 하나의 변화, 상품 이름의 선택까지 모두 즉각적인 만족감을 유도하려는 설계의 일부다.

마지막으로 우리가 필요 없는 물건을 구매하는 또 다른 이유는 다양성에 대한 욕구다. 사람은 기본적으로 선택의 폭이 넓을수록 자신이 더 똑똑한 결정을 내렸다고 느낀다. 마트에서 다양한 맛의 제품을 1+1로 제공하거나 새로운 맛을 추가로 포함해 판매하는 것도 이런 심리를 공략한 것이다. 아들은 단순히 사탕 하나만으로는 얻을 수 없는 선택의 다양성을 누리며 만족감을 얻었다.

결국 우리는 물건을 구매하는 것이 아니라 그 물건이 주는 기회, 만족감 그리고 자신에 대한 긍정적 이미지를 구매한다. 마케터는 이것을 알고 우리 선택을 정교하게 설계한다. 그렇기에 필요 없는 물건조차 구매하게 되는 것이다. 물건 자체가 아니라 우리가 느끼는 가치를 설계하는 것이 마케팅의 본질이다. 그리고 이 과정은 선택을 가장 자연스럽고 즐겁게 만든다.

▼ 핵심 문장
우리가 구매하는 것은 물건이 아니라 그 물건이 주는 느낌이다.

충동구매의 설계 방법

필요 없는 물건을 손에 쥐고도 우리는 이렇게 말한다. "와! 오늘 득템했네!" 하지만 정말 그럴까? 이 흐름은 아주 교묘하다. 마치 내 선택이 대단하고 뿌듯하도록 느끼게 하기 때문이다.

충동구매를 설계하는 데는 거창한 마케팅 전략이 필요한 것이 아니다. 일상에서 누구나 쉽게 활용할 수 있는 방법으로도 충동구매를 설계할 수 있다. 여기서 중요한 건 고객의 심리를 활용해 자연스럽게 구매로 이어지도록 만드는 것이다. 마케터로서 혹은 일상에서 활용할 수 있는 충동구매 설계 방법을 살펴보자.

첫째, 단순한 한정판 메시지로 희소성을 자극하라.

희소성은 충동구매로 쉽게 전환할 수 있는 방법 중 하나다. 예를 들어, 핸드메이드 제품을 판매한다고 해보자. 단순히 "이 제품을 구매하세요"라고 말하는 것보다 "이번 주에만 한정 수량으로 제작된 제품"이라고 강조하면 훨씬 더 빠른 구매 결정을 끌어낼 수 있다. 카페에서 "오늘만 제공하는 스페셜 메뉴"를 내놓는 것도 같은 맥락이다. 고객은 '지금이 아니면 기회를 놓친다'는 생각에 즉각 행동에 나서게 된다.

둘째, 작은 보너스를 제공해 구매를 정당화하게 하라.

우리는 작은 혜택에도 강하게 반응한다. 예를 들어, 동네 마트에서 "지금 ○○원 이상 구매 시 에코백 증정" 같은 프로모션을 진행하면 고객은 필요 이상의 물건을 장바구니에 담는다. 에코백 자체는 큰 가치를 가지지 않을 수 있지만, 고객은 그 보너스를 받으려고 더 많은 소비를 하게 된다. 이는 온라인에서도 쉽게 적용할 수 있다. "이 상품을 구매하시면 사은품을 드립니다"라는 메시지는 고객이 구매를 정당화하도록 도와준다.

셋째, 자연스럽게 추천 상품을 제안하라.

일상에서 충동구매를 유도하려면 고객이 스스로 필요한 물건을 찾는 느낌을 줘야 한다. 예를 들어, 작은 서점을 운영한다면 계산대

옆에 '많은 독자가 함께 구매한 책'을 배치해보자. 고객은 계산하는 동안 자연스럽게 그 책에 관심을 두게 되고, 필요하지 않았던 책도 충동적으로 구매하게 된다. 마트에서 계산대 근처에 껌, 초콜릿 같은 작은 물건을 배치하는 이유도 같은 원리다. 추천 상품은 선택의 고민을 덜어주고, 구매를 자연스럽게 유도한다.

넷째, 고객이 직접 체험할 기회를 만들어라.

충동구매는 경험과 연결될 때 훨씬 강력해진다. 예를 들어, 동네 카페에서 신제품 음료를 샘플로 제공하면 고객은 그 맛을 경험한 순간 구매 욕구를 느끼게 된다. 마트에서는 시식 코너가 이 역할을 한다. "한 입만 먹어보세요!"라는 말은 고객이 맛을 경험하면서 제품의 가치를 즉각적으로 느끼도록 돕는다. 온라인에서는 무료 체험판이나 첫 구매 할인 같은 방식으로 쉽게 적용할 수 있다.

다섯째, 단순한 소셜 증거를 활용하라.

일상에서도 '다른 사람들이 좋아한 것'을 보여주는 건 충동구매를 유도하는 데 효과적이다. 예를 들어, 소규모로 운영하는 디저트 가게라면 "이 주의 베스트셀러 디저트는 초코브라우니입니다"라는 간단한 표식을 붙여보자. 손님은 자연스럽게 초코브라우니를 선택하게 될 확률이 높아진다. 온라인에서는 "가장 많이 팔린 상품"이라는 태그 하나만으로도 고객의 구매 결정을 크게 변화시킬 수 있다.

여섯째, 즉각 보상을 약속하라.

사람들은 기다림 없이 즉각 얻을 수 있는 것에 강하게 끌린다.

예를 들어, 푸드트럭에서 "지금 주문하면 음료 무료 제공" 같은 프로모션은 고객이 망설임 없이 결제하도록 만든다. 온라인에서는 "오늘 주문하면 내일 배송" 같은 메시지가 이 역할을 한다. 즉각적인 만족감을 약속하는 메시지는 고객의 결정을 가속화한다.

결국 충동구매의 설계는 복잡할 필요가 없다. 마케터가 될 필요도 없다. 일상에서 고객의 심리를 이해하고, 그들의 행동을 자연스럽게 유도할 수 있는 환경을 만드는 것이 핵심이다. 제한된 시간, 추가 보너스, 고객 리뷰나 추천 상품, 체험 기회는 모두 충동구매를 설계하는 간단하지만 효과가 좋은 방법들이다. 중요한 것은 고객이 스스로 선택했다고 느끼도록 만드는 것이다. "와! 오늘 득템했네!"라는 말이 나올 수 있다면, 당신의 설계는 이미 성공했다고 봐도 좋다.

▼ 핵심 문장
충동구매는 설계된 환경이 만든 선택이다.

– 광고나 상품 리뷰에서 감정을 자극하는 문구 3개 찾기

1. "지금 사지 않으면 놓칩니다!"

- **감정**: 불안
- **이유**: 손실 회피 심리를 자극한다. 고객이 기회를 놓칠 것 같은 두려움에 빠지게 만들어 즉각적인 행동을 유도한다.

2. "이 제품을 사용하고 내 삶이 달라졌어요!"

- **감정**: 기대와 환상
- **이유**: 고객에게 자신도 이 제품을 사용하면 더 나은 삶을 살 수 있다는 상상을 하게 만든다.

3. "10만 명이 선택한 베스트셀러!"

- **감정**: 안도와 신뢰
- **이유**: 다수가 선택했다는 나와 비슷한 사람의 인증은 고객에게 안전함과 신뢰를 느끼게 한다.

숨겨진 니즈를 해킹하라

─ 욕구의 틈새 파악

사람들은 자신도 모르는 욕구를 가진다

사람들은 늘 자신이 무엇을 원하는지 안다고 말한다. 하지만 이런 말들은 대부분 겉으로 드러난 것들뿐이다. 진짜는 깊숙이 숨겨져 있다. 자신조차 모르는 내면에 말이다.

얼마 전 한 친구가 새로 산 가방을 보여줬다. 친구는 말했다. "내가 가지고 있는 가방은 수납공간이 거의 없는데 이건 수납공간이 많고 튼튼해서 샀어." 하지만 그 가방은 눈에 띄게 화려했고 로고가 큼직하게 박혀 있었다. 며칠 뒤 친구는 그 가방을 들고 사진을 찍어 SNS에 올렸다. '좋아요'가 쏟아졌다. 나는 그제야 깨달았다. 친구가 원한 건 단순히 물건이 아니라 그 가방이 주는 '이미지'였다. 그는 인정받고 싶었던 거다. 그런데도 그는 끝까지 말했다. "실용적

이어서 산 거야."

사람들은 늘 표면적인 이유를 내세운다. 하지만 무의식은 그보다 훨씬 강력하다. 그들은 '필요해서'라고 말하면서도 사실은 '나를 돋보이게 할 것', '다른 사람에게 내가 이런 사람임을 보여줄 수 있는 것'을 원한다. 무의식은 이렇게 작동한다. 겉으로 드러난 말은 그저 핑계일 뿐이다.

중학교 시절, 나이키 신발과 아디다스 신발을 신고 다니는 친구들이 많았다. 나는 왜 다들 비슷한 신발을 신는지 궁금해 친구들에게 물었다. 그들은 하나같이 말했다. "이 신발이 편하고 오래 신을 수 있어." 하지만 시간이 지나면서 깨달았다. 그들의 대답은 진짜 이유가 아니었다.

그 신발을 신은 이유는 단순한 편리함 때문이 아니었다. 그것은 모두가 신기 때문에, 자신도 신어야 한다는 압박감 때문이었다. 만약 그 신발을 신지 않으면 유행에 뒤떨어지는 것 같고, 친구들 사이에서 뒤처지는 느낌이 들었던 것이다. 나 역시 이런 무의식적 욕구에 사로잡혔다. 결국, 틈틈이 돈을 모아 나이키 운동화를 손에 넣었다.

그 운동화를 신었을 때의 느낌은 단순히 편안함이나 품질의 만족이 아니었다. 그 신발로 나도 '무리에 속했다'는 안도감 그리고 '나도 이 정도는 신을 수 있어'라는 자부심을 느꼈다. 사실 새 신발을 신으면서 한 달 동안 뒤꿈치가 까지고 물집도 잡혔지만 불만 자체를 생각하지 않았다. 이런 경험으로 알게 되었다. 우리의 소비는 표면적인 이유보다 훨씬 더 깊은 욕구로 이루어진다는 사실을.

마케팅 중 바이럴은 바로 이런 심리를 공략한다. '모두가 가지고 있는 제품'이라는 메시지, '무리 중 모두 사용하고 있다'는 메시지의 긴박감은 소비자의 무의식을 자극한다. 더 나아가 브랜드는 단순히 제품을 파는 데 그치지 않고 하나의 문화를 만든다. 나이키는 단순히 운동화 브랜드가 아니라 '운동을 사랑하는 사람', '도전을 즐기는 사람'이라는 정체성을 전달한다. 아디다스는 '스포츠 정신'과 '퍼포먼스'라는 이미지를 심어준다.

브랜드는 이렇게 제품 자체를 넘어 사람들의 정체성과 연결된다. 예를 들어, 나이키를 신는 것은 단순히 신발을 신는 것이 아니라 자기관리를 잘하는 사람처럼 인식하듯이. 이런 브랜드의 문화적 메시지는 소비자에게 무의식적으로 '소속감'과 '특별함'을 느끼게 한다. 그래서 소비자는 단순히 물건을 구매하는 것이 아니라 특정 문화와 그룹에 속하려고 행동하게 된다.

소비자는 종종 그것이 자신의 선택이라고 믿는다. 하지만 실제로는 사회적 압박과 인정 욕구 그리고 브랜드가 심어놓은 문화적 프레임이 그 선택을 이끄는 경우가 많다. 무의식적으로 '이걸 소유하면 나도 그들처럼 될 수 있다'는 기대감이 작동하는 것이다.

이제 생각해보라. 생필품이 아닌, 단순히 원해서 제품을 구매했다면 정말 필요해서였는가, 아니면 무의식 속에서 작동하는 다른 이유 때문이었는가? 소비의 진짜 이유를 깨닫는 순간 당신은 더 이상 조종당하지 않고 자기 삶을 설계할 수 있는 첫걸음을 내딛게 될 것이다.

이제 당신도 생각해보라. 당신이 마지막으로 구매한 물건은 정말 필요해서 샀는가, 아니면 무의식 속에서 작동하는 다른 이유 때문에 샀는가?

▼ 핵심 문장
사람들은 늘 자신이 원하는 것을 안다고 믿지만, 진짜 선택은 무의식 속 욕구, 즉 인정받고 싶고, 소속되고 싶고, 특별해지고 싶은 갈망으로 이루어진다.

표면 욕구 vs 무의식 욕구

사람들은 늘 자신이 무엇을 원하는지 안다고 믿는다. 그러나 그 믿음은 표면적일 뿐이다. 선택은 깊은 무의식에서 시작된다. 무의식은 우리가 보지 못하는 욕구를 감춘 채 행동을 지배한다. 겉으로는 실용적 이유를 말하지만, 실상은 인정받고 싶거나 결핍을 채우고 싶은 마음에서 비롯된다. 우리는 그것을 자각하지 못한다.

무의식적 욕구는 명확하지 않다. 그것은 때로는 인정받고 싶은 욕망으로, 때로는 소속감을 느끼고 싶은 열망으로 드러난다. 하지만 우리는 그것을 정면으로 마주하기보다 '편리해서', '지금 필요해서' 라는 말로 포장한다. 겉으로 드러난 이유와 실제 이유는 다르다. 표면 욕구는 합리화의 결과일 뿐이고, 진짜 욕구는 더 깊은 곳에 숨어 있다.

무의식적 욕구는 항상 조종된다. 그것은 환경, 사회적 압박 그리고 익숙함으로 형성된다. 반복적으로 보이는 메시지는 무의식 속에 자리 잡고, 우리는 그것을 신뢰하게 된다. 그리고 자신이 왜 그런 선택을 했는지조차 모른 채 "이건 내가 원한 거야"라고 믿는다. 선택의 순간, 무의식은 이미 결정을 내렸고, 의식은 그것을 정당화할 핑계만 찾는다는 것을 잊으면 안 된다.

욕구를 설계하려면 먼저 무의식을 이해해야 한다. 사람들이 무엇을 갈망하는지, 무엇이 그들을 움직이게 하는지 읽어야 한다. 무의식은 항상 단순한 패턴을 따른다. 익숙함을 신뢰로, 결핍을 충동으로, 불안을 행동으로 전환한다. 그 흐름을 읽고 설계하는 것이 핵심이다.

무의식적 욕구를 활용하려면, 사람들에게 부족함을 느끼게 해야 한다. 하지만 이 부족함은 단순히 부정적 감정을 자극하는 것이 아니다. 그것은 사람들이 스스로 더 나아지게 만들 수 있다는 희망을 심어주는 방식으로 작동해야 한다. 단순히 '당신에게 이것이 필요하다'는 메시지가 아니라, '이것이 당신을 더 나아지게 만들 것'이라는 메시지가 필요하다. 그들이 무엇을 잃을까 봐 두려워하는지,

무엇을 얻고 싶어 하는지 이해하고 그 틈새를 설계해야 한다.

무의식은 절대적으로 익숙함을 신뢰한다. 익숙함은 안전함으로 받아들여지고, 안전함은 행동으로 이어진다. 익숙함이 반복될수록 그것은 더욱 힘이 세진다. 그래서 반복적인 메시지는 고객의 무의식을 장악하는 데 가장 효과적인 방법이다. 하지만 단순한 반복은 무의식을 지루하게 만든다. 그 속에서도 변화와 감정을 심어줘야 한다.

결국, 사람들은 자신이 무엇을 원하는지 알지 못한다. 그러나 그들의 무의식은 이미 답을 알고 있다. 당신은 그것을 읽고 설계하는 사람이 될 수도, 아니면 그 흐름에 끌려다니는 사람이 될 수도 있다. 흐름을 설계하는 사람만이 선택의 주도권을 쥐고, 무의식을 움직이는 힘을 갖게 된다.

▼ 핵심 문장
당신이 진짜 원하는 건 물건이 아니라 그 물건이 만들어줄 감정이다.

작은 불편함 속에 숨겨진 큰 욕구

사람들은 작은 불편함을 그냥 지나친다. 그런가 보다 하고 넘어가는 것이다. 그러나 그 작은 불편함 속에는 우리가 미처 알아채지 못한 큰 욕구가 숨어 있다. 마케터로서 이걸 발견하고 해결할 수 있다면, 단순히 문제를 해결하는 데 그치지 않고 소비자에게 진정한 만족감을 줄 수 있다. 중요한 것은 소비자 스스로 그 불편함을 완전히 자각하지 못할 때가 많다는 점이다. 그들은 익숙함에 적응하거나 '다들 이렇게 사니까'라며 묵묵히 참을 뿐이다.

　작은 불편함은 우리 일상에 숨어 있는 사소한 일에서 오는 짜증이다. 커피가 넘치지 않게 종이컵 홀더를 고쳐 끼우는 동작, 스마트폰 화면에 남는 지문을 매번 닦아내는 행동, 헤드폰 줄이 엉킬 때의 짜증 같은 것들. 이런 행동은 별거 아닌 것처럼 보이지만 그 속에는 소비자의 숨겨진 욕구가 담겨 있다. 그들의 무의식은 끊임없이 "이것만 조금 더 편하면 좋겠다"를 외치고 있다.

문제는 소비자 스스로 이것을 크게 생각하지 않는다는 것이다. 그들은 이런 불편함을 '원래 그런 것'으로 받아들인다. 그러나 이 작은 불편함을 해결하면, 그 순간 브랜드에 대한 신뢰와 충성도가 생긴다. 마케터의 임무는 바로 여기서 시작된다. 소비자가 말하지 않는 불편함을 찾아내고 그 뒤에 숨겨진 욕구를 읽어내는 것이다.

예를 들어, 한 유명한 스마트폰 액세서리 브랜드가 화면 지문 방지 기능을 추가한 필름을 내놓았을 때를 생각해보자. 지문 문제는 누구나 겪는 불편함이었지만, 사람들은 그것을 크게 문제로 인식하지 않았다. 그냥 수건이나 옷자락으로 닦아내며 살아온 것이다. 그러나 지문 방지 필름은 이런 '작은 불편함'을 해결하며 대중적인 성공을 거뒀다. 소비자들은 단순히 편리해졌을 뿐 아니라, 그 편리함 속에서 자신을 더 세련되고 깔끔하게 관리한다는 만족감을 느꼈다. 작은 불편함이 해결되면서 큰 욕구가 충족된 것이다.

또 다른 예는 휴대용 손 세정제다. 팬데믹 이전에도 공공장소에서 손을 씻는 건 번거로운 일이었다. 하지만 손 세정제가 등장하면서 사람들은 더 이상 세균 걱정을 하지 않아도 되는 '안정감'을 얻었다. 단순히 불편함을 해결한 게 아니라, 그 뒤에 있는 더 큰 욕구, 즉 건강과 안전에 대한 욕구를 충족한 것이다.

작은 불편함은 제품 설계와 마케팅 전략에서 혁신의 출발점이 될 수 있다. 소비자가 말하지 않는 불편함을 찾아내려면 그들의 행동을 관찰하고 습관을 분석해야 한다. 소비자의 행동 속에서는 그들이 미처 인식하지 못한 욕구가 드러난다. 예를 들어, 카페에서 사람들이 음료를 테이크아웃할 때 종이컵 홀더가 헐거워 음료가 쏟아지는 문제를 관찰했다고 해보자. 소비자들은 이 문제를 해결할 방법이 없다고 생각하며 참고 넘어간다. 그러나 마케터가 이를 해결하면 단순한 제품이 아닌, 고객에게 신뢰를 심어주는 해결책이 될 수 있다.

작은 불편함의 진짜 가치는 반복에 있다. 작은 불편함은 소비자의 하루에 반복적으로 등장한다. 한 번의 짜증이 아니라 매일 겪는 사소한 문제다. 이것이 마케팅 관점에서 중요한 이유다. 작은 불편함을 제거하면, 소비자에게 매일같이 만족감을 줄 수 있다. 그리고 그 만족감은 브랜드와의 관계를 강화한다.

사소한 문제를 발견하고 이를 해결할 때 주의해야 할 점도 있다. 단순히 문제를 고치는 데 그치지 말고 그 문제를 해결함으로써 고객이 어떤 감정을 느낄지 생각해야 한다. 문제를 해결하는 것만으로는 충분하지 않다. 해결된 문제로 고객이 더 나은 자신을 상상할 수 있도록 만들어야 한다. 예를 들어, 신발 끈이 자꾸 풀리는 문제를 해결한 벨크로 운동화는 단지 편리함을 넘어 '나는 좀 더 활동적이고, 효율적인 사람'이라는 이미지를 심어준다.

마케팅에서 작은 불편함은 단순히 문제를 찾아내는 것을 넘어 새로운 시장을 여는 기회가 된다. 사람들이 헤드폰 줄이 자꾸 엉킨다고 불평했을 때, 이를 해결한 무선 이어폰은 시장 자체를 바꿔놓았다. 소비자의 작은 불편함에서 출발한 제품이 거대한 혁신으로 이어진 것이다. 그들은 단지 줄이 엉키지 않는 헤드폰을 원했지만, 결과적으로 더 자유롭고 편리한 경험을 제공받았다.

마케터는 작은 불편함의 신호를 놓치지 말아야 한다. 그 뒤에 숨겨진 욕구를 발견하고, 고객이 생각하지 못했던 해결책을 제시하는 것이 마케터의 역할이다. 고객은 늘 자신의 불편함을 구체적으로 설명하지 않는다. 하지만 우리가 그 문제를 먼저 파악하고 해결한다면, 고객은 그 순간 우리를 신뢰하게 될 것이다. 작은 불편함이 큰 욕구를 드러낸다는 사실을 기억하라. 그것을 해결하는 순간, 당신의 브랜드는 고객에게 없어서는 안 될 존재가 될 것이다.

▼ 핵심 문장
작은 불편함을 발견하고 해결하는 것은 고객의 숨겨진 니즈를 충족하는 가장 강력한 방법이다.

욕구의 우선순위를 바꿔라
- 즉각적인 만족감 제공 방법

사람들은 미래에 이루어질 성과보다 지금 당장 손에 쥘 수 있는 성취감을 더 선호한다. 그 이유는 간단하다. 우리의 뇌는 즉각적인 보상을 갈망한다. 멀리 있는 목표는 아무리 크고 매력적이어도, 지금 이 순간 느낄 수 있는 작고 구체적인 만족감보다 자극적이지 않다. 이 원리를 이해하면 우리는 고객의 행동을 효과적으로 유도할 수 있다. 그들이 움직이게 하려면 머나먼 약속이 아닌, 눈앞에서 손에 잡히는 무언가를 제공해야 한다.

헬스장을 홍보한다고 해보자. "3개월 후 완벽한 몸매로 변신!"이라는 메시지는 좋다. 하지만 사람들이 진짜 반응하는 것은 "올 때마다 달라지는 몸무게 숫자!" 같은 문구다. 사람들은 3개월 후를 기다릴 인내심이 없다. 그 대신 운동 후 내가 헬스장에 한 번 갈 때마다 바로 보이는 몸무게의 수치가 즉각적인 행동의 동기를 부여한다. 고객이 헬스장 문을 열고 들어오는 순간 그들은 미래의 자신보다 지금 당장의 변화를 더 갈망하는 것이다.

즉각적 만족은 단지 보상이 아니라 사람들에게 자신감을 준다. '내가 뭔가 해냈다'는 감정은 작은 변화에서도 느낄 수 있다. 학습 서비스를 예로 들어보자. "6개월 후 영어로 대화할 수 있습니다"라는 약속은 분명 매력적이다. 하지만 사람들에게 더 다가가는 메시지는 "지금 바로 첫 문장을 말해보세요"다. 고객은 작은 성취를 경험하며 스스로를 확신하게 된다. 이 확신은 지속적인 동기로 이어지고, 결국 장기적 목표를 이루는 데 도움을 준다.

제품을 판매할 때도 즉각적인 만족감을 활용하는 방식은 유용하다. 에너지 절약형 가전제품을 판매한다고 생각해보자. "1년 후 전기요금을 30% 줄일 수 있습니다"라는 메시지도 강력하지만, 더 강력한 건 "설치 후 첫 달부터 전기요금이 눈에 띄게 줄어듭니다" 같은 구체적이고 즉각적인 결과다. 고객은 '바로 효과가 나타난다'는 메시지에 반응하며 스스로를 설득한다. "이건 당장 나에게 이득이 되는 선택이야"라고.

즉각적인 만족은 고객의 기대를 충족하는 동시에 브랜드와의 신뢰를 쌓는 강력한 도구다. 사람들이 첫 구매 후 "이거 정말 괜찮네"라고 느끼는 순간, 그들은 브랜드에 대한 신뢰를 구축하기 시작한다. 그 신뢰는 다시 그들의 다음 행동으로 이어진다. 즉, 작은 만족감은 단발적인 결과가 아니라, 브랜드와의 장기적인 관계를 여는 문 역할을 한다.

마케팅에서 중요한 건 사람들이 처음 느끼는 만족감을 어떻게 장기적인 비전으로 연결하느냐다. 작은 성취는 하나의 단계일 뿐이다. 이로써 고객이 더 큰 목표를 상상할 수 있게 해야 한다. 예를 들어, 금융 앱을 홍보할 때 "지금 5분 투자로 하루 예산을 관리해보세요"라는 메시지는 고객의 첫 행동을 유도한다. 하지만 이 경험이 "1년 후, 당신의 재정 상태가 얼마나 달라질지 확인하세요"라는 비전과 연결되면, 고객은 계속해서 서비스를 이용할 동기를 얻는다.

즉각적인 만족을 제공하려면 고객이 무엇을 원하는지 정확히 이해해야 한다. 그들에게 지금 가장 필요한 것은 무엇인가? 그들이 당장 느끼고 싶어 하는 변화는 무엇인가? 이 질문에 답할 수 있다면 그들의 행동을 이끄는 메시지를 설계할 수 있다. 중요한 건 이 만족감이 단순히 순간적인 쾌락에 머무르지 않도록 하는 것이다. 그것이 더 큰 변화와 연결될 때 고객은 반복적으로 행동하고, 브랜드에 더 깊이 연결된다.

결국, 사람들은 지금 이 순간을 원한다. 멀리 있는 미래가 아무리 좋아 보여도 지금 당장 체감할 수 있는 변화를 더 갈망한다. 이 원리를 이해하고 활용하면 고객의 행동을 원하는 방향으로 설계할 수 있다. 작은 성취감으로 그들의 마음을 움직이고 신뢰를 얻어 그들이 당신 브랜드와 함께 더 큰 목표를 향해 나아가도록 유도하라. 그것이 즉각적인 만족을 마케팅 전략에 효과적으로 활용하는 핵심 이다.

▼ 핵심 문장
고객이 느낄 수 있는 즉각적 변화를 강조하면 멀리 있는 목표보다 더 강력하게 행동을 유도할 수 있다.

반복과 소비자의 심리

사람들은 늘 새롭고 특별한 선택을 한다고 믿는다. 하지만 실제로는 그렇지 않다. 반복은 우리의 삶을 지배한다. 우리는 습관처럼 같은 경로로 출근하고, 같은 카페에서 커피를 주문하며, 같은 브랜드의 상품을 고른다. 심지어 선택의 순간에도 익숙한 흐름에 의존한다. 익숙함은 안정감을 주고 예측 가능한 결과를 약속하기 때문이다.

반복의 힘은 단순한 행동의 연속이 아니라 심리적 안전장치다. 새로운 선택은 불안을 유발한다. 낯선 브랜드, 처음 해보는 경험, 다른 경로는 우리를 불편하게 만든다. 그래서 무의식적으로 과거의 선택을 반복한다. 그것이 우리의 뇌가 에너지를 절약하고 익숙한 것에서 오는 심리적 안정을 유지하는 방식이다.

반복은 신뢰를 만든다. 한 번 만족했던 경험은 다음 선택의 기준이 된다. 고객은 한 번 만족했던 브랜드를 다시 찾는다. 그것이 습관이 되고 습관은 충성도로 변한다. 하지만 이 과정에서 진짜 문제가 생긴다. 과거의 성공이 현재와 미래의 다른 선택을 가로막는다. 우리는 "이 브랜드가 늘 좋았으니 이번에도 그럴 거야"라면서 새로운 가능성을 차단한다.

재미있는 사실은 반복이 감정적으로도 우리를 지배한다는 것이다. 같은 광고를 반복해서 볼 때, 우리는 그것을 점점 더 신뢰하게 된다. 심리학에서는 이를 '단순 노출 효과'라고 한다. 반복적으로 노출된 대상은 처음에는 아무 감정도 일으키지 않지만, 점점 익숙해지고, 익숙함은 신뢰로 이어진다. 그 결과 고객은 그 브랜드나 제품을 더 긍정적으로 평가하고 심지어 선호하게 된다.

그러나 여기서 심리해킹의 중요한 역할이 등장한다. 반복은 단순히 익숙함을 심는 데서 끝나지 않는다. 반복으로 행동을 유도하려면 정교한 설계가 필요하다. 동일한 메시지를 전달하더라도 표현 방식과 맥락을 조금씩 바꿔 시각적 요소나 문구를 미세하게 조정해야 한다. 단순히 반복만 한다면 고객은 피로를 느끼고 반복은 효과를 잃는다.

소비자의 반복적 행동은 단순히 습관의 산물이 아니다. 그것은 우리가 환경에 어떻게 반응하는지, 그리고 과거의 경험이 현재의 선택에 어떻게 영향을 미치는지를 보여준다. 마케터가 반복을 이해하고 활용한다면 고객의 행동을 예상하고 유도하는 것이 가능해진다. 반복을 단순한 선택의 결과가 아니라 새로운 선택의 시작으로 만들어야 한다.

결국, 반복은 심리적 패턴이다. 우리는 선택할 때마다 스스로를 설득한다. "이건 내가 결정한 거야." 하지만 그 결정은 과거의 경험과 익숙함 그리고 그 반복에서 나온다. 마케터가 이 심리적 흐름을 읽고 반복을 전략적으로 활용한다면 고객의 선택을 설계할 수 있다. 중요한 것은 반복이 주는 안정감을 넘어 새로운 신뢰와 기대를 심어주는 것이다. 이는 단순히 제품을 파는 방법이 아니다. 소비자가 스스로 선택했다고 믿게 만드는 흐름을 설계하는 일이다.

반복의 힘은 우리가 생각하는 것보다 훨씬 강력하다. 단순히 같은 행동을 되풀이하는 것이 아니라 우리의 무의식을 설계하고 움직이는 메커니즘이 된다. 반복은 선택의 부담을 덜어준다. 매 순간 새로운 결정을 내리는 것은 피곤한 일이다. 그래서 사람들은 자연스럽게 익숙한 선택으로 돌아간다. 그리고 그것이 '옳은 선택'이라고 스스로를 이해시킨다.

예를 들어보자. 같은 브랜드의 치약을 수년째 구매하는 사람은 한 가지 이유를 들 것이다. "이 치약이 제일 괜찮아." 그 치약이 진짜로 제일 괜찮은지는 중요하지 않다. 익숙함을 선택한 것이다. 익숙함은 안전하게 느껴지고 실패의 두려움을 줄여준다. 이것은 단순히 치약에만 적용되는 이야기가 아니다. 음식, 의류, 전자기기까지 우리 삶에서 대부분의 선택이 이 패턴을 따른다.

여기서 우리는 중요한 질문을 던져야 한다. "고객은 왜 반복적인 행동을 할까?" 그리고 더 중요한 질문은 이것이다. "어떻게 하면 그 반복을 깨거나 강화할 수 있을까?" 반복은 고객을 붙잡는 방법이 될 수 있지만, 새로운 선택으로 이끄는 문이 될 수도 있다.

소비자들이 같은 브랜드를 계속 선택하는 이유 중 하나는 신뢰다. 그 브랜드가 이미 만족을 준 경험이 있기 때문이다. 하지만 신뢰는 단순히 과거에 만족했던 경험만으로 만들어지지 않는다. 브랜드는 끊임없이 자신을 증명해야 한다. 익숙함에 머무르지 않고, 반복 속에서도 새로운 가치를 제공해야 한다. 동일한 메시지를 전달하더라도 새로운 방식으로 접근하거나 고객이 예기치 못한 가치를 발견하도록 만들어야 한다.

반대로, 고객의 반복적 패턴을 깨는 방법도 있다. 낯선 경험과 호기심을 자극하는 것이다. 우리는 기본적으로 익숙함을 선호하지만, 새로운 것에 호기심도 가지고 있다. 반복 속에서 약간 변화를 주면 사람들은 자연스럽게 그 변화에 주목한다. 예를 들어, 같은 광고를 계속 보더라도 컬러, 문구, 배경음악을 미세하게 바꾸는 것만으로도 고객은 이를 새로운 경험으로 받아들인다.

반복은 또한 브랜드가 메시지를 각인하는 데 아주 중요한 역할을 한다. 단순 노출 효과처럼, 반복된 메시지는 사람들에게 안정감을 주고 신뢰를 심는다. 하지만 반복은 전략적으로 사용해야 한다. 단조로운 반복은 소비자에게 피로감을 줄 수 있다. 그래서 반복 속에서도 약간의 차별화와 감정적 연결을 추가해야 한다. 그렇게 할 때 소비자는 반복된 메시지를 신뢰하면서도 지루함을 느끼지 않는다.

가장 흥미로운 점은 반복이 단순히 소비자 행동에만 적용되는 것이 아니라는 것이다. 마케터 자신도 반복적인 패턴에 따라 학습하고 개선해야 한다. 고객의 반응을 읽고 어떤 반복이 효과적인지, 어떤 변화가 필요한지를 끊임없이 분석해야 한다. 반복은 일방적 흐름이 아니다. 고객과 브랜드가 상호작용하는 가운데 만들어지는 결과물이다.

결국, 반복은 단순한 행동이 아니라 심리적 안정감과 신뢰를 기반으로 한 선택의 연속이다. 마케터가 이 반복을 이해하고 활용한다면 고객의 선택을 설계할 수 있다. 중요한 것은 반복을 단순히 과거의 습관으로 두지 않고, 미래의 새로운 선택으로 연결하는 다리로 만드는 것이다.

▼ 핵심 문장
당신이 매일 반복하는 선택, 그것이 단순한 습관이라 믿는가? 아니면 당신도 모르게 조종당한 흔적일까?

고객의 숨겨진 욕구를 해킹하는 법

고객은 스스로를 잘 안다고 믿는다. "난 이걸 원해"라고 말하지만 그 뿌리는 무엇인지 묻지 않는다. 그들이 원하는 것은 단순히 제품이 아니다. 제품 뒤에 숨은 이야기와 감정 그리고 그것이 그들 삶에서 채울 수 있는 무언가다. 고객의 숨겨진 욕구를 해킹한다는 것은 단순히 "이것이 필요해 보이네요"라고 말하는 것이 아니다. 그것은 고객의 보이지 않는 지점을 이해하고, 그들이 인지하지 못하는 갈망에 다가가는 것이다.

어떤 고객은 브랜드 매장에서 가방을 들여다본다. 그들은 "이 가방 예쁘네요"라고 말한다. 하지만 그 말을 그대로 받아들인다면 표면만 보게 된다. 그 가방은 단순히 물건이 아니다. 그것은 자신감을 높이고, "나는 이런 사람이다"라는 이미지를 전달할 수 있다. 고객은 그것을 말로 설명하지 않지만, 행동으로 보여준다. 당신 역할은 그 행동의 의미를 읽어내는 것이다.

숨겨진 욕구는 종종 고객의 삶의 공백에서 나온다. 그 공백은 과거의 경험에서 비롯될 수도 있고, 현재 느끼는 불안에서 비롯될 수도 있다. 예를 들어, 한 사람이 고급스러운 노트를 구매한다고 하자. 그는 "이 노트는 글을 쓰기 좋아서요"라고 말할 것이다. 하지만 그 선택의 이유는 단순히 필기감이 아니다. 그것은 자기 자신의 가치를 인정받고 싶다는 욕구 또는 "나는 이런 것을 사용할 자격이 있다"라는 자신감의 표현일 수 있다.

고객의 숨겨진 욕구를 읽는 데 가장 중요한 것은 그들이 말하지 않는 것에 귀를 기울이는 것이다. 고객은 자신도 알지 못하는 신호를 끊임없이 보내고 있다. 그들은 특정한 색깔, 질감, 가격대, 심지어는 매장에서 들리는 음악에도 반응한다. 그 반응들은 모두 단서다. 예를 들어, 고객이 특정 제품을 손에 들었다가 다시 내려놓는다면, 그 순간 그는 자신과 대화하는 것이다. "이게 정말 필요할까? 아니면 내가 갖고 싶어서일까?" 이런 질문에 그들의 진짜 욕구가 숨어 있다.

하지만 고객이 스스로 자신의 욕구를 말하지 않는다면 어떻게 알 수 있을까? 그것은 고객이 하는 선택과 행동의 연속성을 보는 것이다. 한 고객이 여러 매장을 돌며 비슷한 스타일의 물건을 계속 들여다본다면, 그는 그 물건 자체를 찾는 것이 아니라 그 물건이 제공할 수 있는 느낌이나 이미지를 찾는 것이다. 당신이 관찰해야 할 것은 그가 결국 구매한 물건이 아니라 그가 구매하지 않은 물건들에 머물렀던 시선이다.

숨겨진 욕구를 해킹한다는 것은 단순히 고객의 결핍을 찾아내는 것이 아니다. 그것은 그들의 상상력을 깨우는 것이다. 고객은 물건을 사는 것이 아니라, 그 물건이 가져다줄 경험과 이야기를 산다. 예를 들어, 한 고객이 캠핑 장비를 구매한다고 하자. 그는 장비의 기능이나 내구성만을 고려하지 않는다. 그는 그 장비를 사용하며 느낄 모험, 가족과 함께하는 시간 그리고 그 모든 순간의 기억을 사는 것이다.

고객의 숨겨진 욕구를 해킹하려면 그들이 가진 결핍을 이해하고, 그것을 채워줄 수 있는 상상을 설계해야 한다. 이 상상은 단순히 제품의 특장점을 나열하는 것으로는 부족하다. 그것은 그 제품이 고객의 삶에서 어떤 변화를 가져올 수 있는지 그리고 그 변화로 고객이 무엇을 느끼게 될지를 보여주는 것이다.

결국, 고객의 숨겨진 욕구를 해킹한다는 것은 그들이 스스로도 깨닫지 못한 감정적 틈새를 읽어내는 것이다. 그 틈새를 정확히 이해하고 그 안에 스며들어야만 고객은 당신이 제공하는 것을 자신에게 딱 맞는 선택으로 느낄 것이다. 당신이 해야 할 일은 그저 제품을 파는 것이 아니다. 당신은 고객이 그 제품으로 자기 삶에서 무언가를 채울 수 있다고 믿게 만들어야 한다.

▼ 핵심 문장
고객의 진짜 욕구는 늘 표면 아래에 숨어 있다. 그것은 그들이 말하지 않는 것, 심지어 스스로도 모르는 감정과 연결되어 있다.

무의식의 단서를 읽는 기술

당신이 마지막으로 산 물건을 떠올려보라. 왜 그것을 선택했는가? 겉으로는 '필요해서', '가격이 좋아서'라고 할 수 있다. 그러나 그 이유 뒤에는 더 깊은 무의식의 욕구가 숨어 있다. 고객이 말하지 않은 것, 스스로 깨닫지 못한 욕구를 읽어내는 것이 바로 무의식의 단서를 읽는 기술이다.

① 말 대신 행동을 관찰하라

사람은 말로 자신을 포장한다. 하지만 행동은 진실을 말한다. 고객이 말하는 이유를 곧이곧대로 받아들이면 핵심을 놓친다. 예를 들어, 한 고객이 매장에서 비슷한 제품을 두고 고민한다고 하자. 그는 "가격이 더 저렴해서"라며 하나를 선택할 수도 있다. 하지만 관찰하면 그의 시선이 브랜드 로고에 더 오래 머물렀거나 특정 색감에 반응했음을 알 수 있다. 진짜 이유는 가격이 아니라 그 제품이 제공할 이미지나 감정적 만족일 가능성이 크다.

무의식은 행동 속에 숨어 있다. 고객이 물건을 들었다 놓거나 망설이며 제품의 특정 부분을 반복적으로 살펴본다면 그 행동은 단서를 제공한다. 그들은 단순히 물건을 보는 것이 아니라, 그것이 자신의 불안을 채워줄 수 있을지를 계산하고 있다.

② 결핍을 찾아라

사람들은 결핍을 채우려고 움직인다. 그런데 이 결핍은 보통 물리적이지 않다. 심리적이고 감정적이다. 어떤 고객이 새로 나온 운동화를 고르고 있다면, 그가 찾는 건 단지 발의 편안함이 아닐 수 있다. 그는 아마 "이 신발을 신으면 더 활동적이고 성공적으로 보일 거야"라는 감정적 결핍을 메우고 싶어 하는 것이다.

고객의 말은 그 결핍을 숨긴다. "이 제품은 오래 쓸 수 있어서 좋아요"라고 말할 때, 그 뒤에는 "난 안정적이고 실수 없는 사람이라는 이미지를 갖고 싶어"라는 욕구가 숨어 있다. 당신은 표면적인 대답에 머물러선 안 된다. 그들이 스스로 느끼지 못하는 불안을 읽어내야 한다.

③ 반복적인 행동을 분석하라

고객의 선택은 무작위적이지 않고 반복적이다. 그들은 익숙한 브랜드를 선택하고 자주 찾는 색상이나 스타일을 고집한다. 이런 반복 속에는 심리적 패턴이 숨어 있다. 예를 들어, 한 고객이 늘 같은 브랜드의 의류를 고른다면, 그 브랜드가 제공하는 안정감이나 사회적 지위를 믿고 싶어 한다는 신호다. 익숙함은 무의식을 안정시킨다.

당신이 해야 할 일은 이 반복성을 읽고 활용하는 것이다. 고객이 특정한 행동을 반복하는 이유를 찾아내고, 그 패턴을 제품 설계나 마케팅 메시지에 녹여라. 반복은 신뢰를 만든다. 익숙해진 대상은 자연스럽게 신뢰를 얻는다.

④ 상상력을 자극하라

사람들은 물건을 사는 것이 아니라 그것이 가져올 미래를 산다. "이 제품이 당신을 얼마나 편안하게 만들어줄지 상상해보세요"라는 한마디는 단순히 "이 제품 좋습니다"라는 설명보다 훨씬 강력하다. 무의식은 상상에 취약하다. 고객이 제품을 사용하며 느낄 기쁨과 변화를 생생히 떠올리게 하라.

예를 들어, 한 고객이 여행용 가방을 구매하려 한다면 단순히 "이 가방은 튼튼합니다"라고 설명하지 말라. 그 대신 "이 가방을 들고 어디든 떠날 준비를 하세요. 가볍고 내구성이 뛰어나 여행의 스트레스를 줄여줍니다"라고 말하라. 고객은 이미 머릿속에서 가방을 들고 떠나는 자기 모습을 상상하게 된다.

⑤ 감정의 단서를 활용하라

논리보다 감정이 강하다. 고객의 무의식은 감정적 단서에 즉각적으로 반응한다. "이 제품은 한정판입니다"라는 문구는 논리가 아니라 희소성에 대한 감정을 자극한다. "지금이 아니면 기회를 놓칠 수 있습니다"라는 메시지는 고객의 두려움을 건드린다. 당신이 제공하는 제품이 고객에게 어떤 감정을 불러일으킬지를 먼저 생각하라.

감정을 자극하는 단어와 이미지를 사용하라. '고급스러운', '특별한', '희소한' 같은 단어는 고객의 무의식 속에서 강렬한 욕구를 일으킨다. 같은 제품이라도 표현 방식에 따라 고객의 반응은 달라진다.

⑥ 모든 단서를 연결하라

행동, 결핍, 반복성, 상상력, 감정의 단서를 모두 연결하면 고객의 무의식이 당신 앞에 드러난다. 한 고객이 고급스러운 시계를 보며 망설인다고 하자. 그는 "비싸지만 품질이 좋아요"라고 말할 것이다. 그러나 그 시계를 고르는 이유는 단순히 품질 때문이 아니다. 그것은 사회적 지위, 자신감 그리고 그 시계를 찬 자신이 더 나은 사람처럼 느껴질 것이라는 기대 때문이다.

이 단서들을 읽고 연결해보라. 당신의 마케팅 메시지는 고객의 무의식을 이해하고 그 욕구를 해결하는 방식으로 설계되어야 한다.

고객은 종종 자신이 왜 선택했는지 정확히 모른다. 그들은 말로 스스로를 설득하지만 진실은 행동 속에 있다. 행동을 읽는 사람이 고객의 마음을 움직인다. 무의식의 단서를 읽는 기술은 단순한 판매를 넘어 고객의 깊은 욕구를 이해하고 충족하는 예술이다. 이 기술을 익힌다면 고객은 당신이 설계한 흐름 속에서 스스로 선택했다고 믿으며 만족하게 될 것이다.

▼
핵심 문장

고객의 행동 속 단서를 읽어라. 말하지 않는 욕구를 이해하는 순간, 당신은 단순한 판매자가 아니라 그들의 진짜 필요를 설계하는 설계자가 될 것이다.

– 친구나 가족의 최근 구매 이유 물어보고 숨은 욕구 찾아내기

- **목적**: 이 미션은 주변 사람들의 소비 행동에서 숨겨진 욕구를 읽는 연습을 돕는다. 그들이 겉으로 드러낸 이유와 무의식적 동기를 비교하며 진짜 이유를 발견하는 능력을 키운다.

단계 1: 질문하기
친구나 가족에게 최근 구매한 물건에 대해 물어본다.
"이걸 왜 샀어?"
"어떤 점이 마음에 들어서 샀어?"

단계 2: 표면적 이유 기록
대답은 보통 이런 식이다.
"필요해서."
"가격이 좋아서."
"기능이 뛰어나 보여서."
이것은 겉으로 드러난 표면적 이유다. 여기에 멈추지 말고 더 깊이 파고들어야 한다.

단계 3: 숨겨진 욕구 파악하기
질문을 이어가면서 그들이 말하지 않은 이유를 찾아본다.
"이 물건을 샀을 때 어떤 기분이 들었어?"

"만약 이걸 사지 않았다면 어땠을 것 같아?"
"비슷한 제품이 더 저렴했어도 이걸 샀을까?"

단계 4: 단서 연결하기
관찰로 행동 패턴을 기록한다. 구매 과정에서 무엇을 강조했는지? 브랜드, 디자인, 이미지 등에 어떤 반응을 보였는지? 실제 필요와 거리가 있는 부분에서 고민하거나 만족감을 느꼈는지?

결과 기록 예시
- **구매 품목**: 고급 이어폰
- **표면적 이유**: "음질이 좋아 보여서."
- **숨겨진 욕구**: 최신 기술을 사용하는 자신에 대한 만족감, 다른 사람들보다 앞서 있다는 우월감

- **구매 품목**: 고급 가방
- **표면적 이유**: "튼튼해서 오래 쓸 것 같아서."
- **숨겨진 욕구**: 특정 브랜드에서 느끼는 사회적 인정, 자신을 더 가치 있는 사람으로 보이고 싶은 욕구

3단계

인지 부조화 해킹

— 모순을 이용한 심리 조작

불편함이 행동을 유도하는 이유

불편함은 행동을 유도하는 방법 중 하나다. 사람들은 불편함을 싫어하지만 그 불편함이 행동을 촉발하는 스위치라는 사실은 간과하기 쉽다. 불편함은 단순히 머릿속에 혼란을 만들어내는 감정이 아니다. 그것은 인간을 움직이는 본능적 에너지원이다. 특히 인지 부조화에서 비롯한 불편함은 사람들의 결정을 재촉하고, 때로는 그들이 예상치 못한 행동을 하게 만든다.

불편함의 출발점은 인지 부조화

당신이 새로운 소셜미디어 플랫폼을 설치했다고 상상해보자. 가입한 후 받은 첫 알림은 "당신의 친구 10명이 이미 이 플랫폼에 가입했습니다!"라는 메시지다. 이때 느껴지는 미묘한 불편함은 어디서 올까? 바로 당신이 "이 플랫폼을 써야 할까? 아니면 무시할까?"라는 갈등 속에서 친구들과의 단절에 두려움을 느끼기 때문이다. 이 불편함은 단순한 선택의 압박이 아니라 사회적 연결에 대한 인간의 본능적 욕구를 자극한다. 결국 당신은 플랫폼을 탐색하고 친구 요청을 보내며 자연스럽게 그 흐름 속으로 들어가게 된다.

불편함은 행동 이전에도, 이후에도 작용

불편함은 행동 이전에 압박으로 작용하지만, 행동 이후에는 선택을 정당화하는 힘으로 이어진다. 한 고객이 고가의 스마트워치를 구매했다고 하자. 그는 구매 후에도 자신을 설득해야 한다. "이 가격이 정말 그 정도 가치가 있었을까?"라는 불편함이 계속 머릿속을 맴돈다. 이때 그는 스스로에게 이렇게 말할 것이다. "이 스마트워치는 단순한 시계가 아니야. 건강 관리와 생산성을 모두 높이는 제품이지." 이 자기 정당화는 불편함을 해소할 뿐 아니라 그 브랜드에 대한 충성도를 강화한다.

불편함은 단순히 괴로움이 아니라 행동을 재촉하는 설계

이제 기업들은 이러한 심리를 활용해 고객의 행동을 유도하는 데 집중한다. 스트리밍 플랫폼의 "구독을 취소하면 지금까지 저장된 모든 콘텐츠가 삭제됩니다"라는 알림이 대표적이다. 이 메시지는 단순히 정보를 제공하는 것처럼 보이지만, 고객의 머릿속에는 "내게 이 콘텐츠가 다시 필요할 수도 있어"라는 불편함을 심어준다. 결과적으로 고객은 구독을 유지하는 선택을 하게 된다.

불편함을 설계하는 법

• 작은 갈등을 유발하라

고객이 선택하지 않으면 무언가를 잃게 된다는 느낌을 심어주는 것이다. "지금 이 제품을 구매하지 않으면 추가 혜택을 놓치게 됩니다" 같은 문구는 고객의 머릿속에 '지금 행동해야만 이득을 본다'는 생각을 심어준다. 이런 방식은 특히 구독 서비스나 할인 판매에서 효과적이다.

• 구체적인 시간 압박을 활용하라

사람들은 시간이 제한되어 있을 때 더 큰 불편함을 느낀다. 예를 들어, 항공권 예약 사이트에서 흔히 볼 수 있는 "지금 이 항공권을 보는 다른 사람이 7명 있습니다. 빠르게 예약하세요!" 같은 메시지는 고객의 머릿속에 조급함을 심는다. 시간 압박은 선택할 여유를 없애고 행동을 즉각적으로 촉발한다.

• 행동 후 정당화를 유도하라

고객이 선택한 후에도 만족감을 느끼게 해야 한다. 고가의 상품을 구매한 고객에게 "이 상품을 선택하신 고객님의 90%가 높은 만족도를 보였습니다"라는 이메일을 보내는 방식은 고객이 자신의 선택을 스스로 정당화하도록 돕는다. 이러한 후속 메시지는 불편함을 줄이고, 브랜드 충성도를 강화한다.

• 해결책을 반드시 제시하라

단순히 불편함을 유발하는 것으로 끝내서는 안 된다. 고객이 불편함에서 벗어날 수 있는 구체적인 해결책을 제안해야 한다. 예를 들어, "지금 구매하면 무료 배송과 함께 보증기간이 1년 연장됩니다" 같은 추가 혜택을 제시하면, 고객은 불편함을 해소하면서 동시에 이득을 보는 기분을 느낀다.

• 미래의 불편함을 상상하게 하라

고객이 지금 행동하지 않았을 때 겪을 수 있는 미래의 불편함을 설계하라. 예를 들어, 헬스 케어 제품 광고에서 "지금 건강을 관리하지 않으면, 나중에 후회할 수 있습니다"라는 메시지는 현재의 행동이 미래의 결과에 직접 영향을 미친다는 불편함을 고객에게 심어준다.

불편함과 선택의 조화: 행동의 열쇠

불편함은 단순히 고객을 괴롭힐 의도가 아니다. 그것은 그들이 선택하도록 돕는 열쇠다. 단, 이 불편함은 고객이 불쾌감을 느끼지 않고, 자연스럽게 행동하도록 설계되어야 한다. 강요처럼 느껴지면 반발심이 생기고 선택이 아니라 회피로 이어질 수 있다.

불편함을 효과적으로 설계하려면 고객이 느끼는 감정의 흐름을 섬세하게 조율해야 한다. 첫 번째로 작은 갈등을 유발하고, 그 갈등을 해결할 수 있는 명확한 길을 제시하며, 마지막으로 선택 이후의 만족감까지 설계하는 것이다.

결국, 불편함은 단순히 사람을 괴롭게 만드는 감정이 아니다. 그것은 행동을 유도하는 가장 효과가 좋은 심리적 동력이다.

▼
핵심 문장
불편함은 사람을 괴롭게 하지 않는다. 그것은 행동의 스위치를 켜는 순간이 될 것이다.

인지 부조화의 작동 원리

카페에서 커피를 사는 단순한 행동에도 인지 부조화는 숨어 있다. 당신이 메뉴판 앞에 섰다고 가정해보자. "라테를 마실까, 아메리카노를 마실까?"라고 고민한다. 한쪽에서는 "라테는 달콤하고 당 충전에 딱 좋아"라고 말한다. 하지만 또 다른 한쪽에서는 "아메리카노는 더 저렴하고 칼로리도 적잖아"라고 속삭인다. 머릿속에서 두 가지 생각이 충돌하며 불편함이 생긴다. 결국 당신은 라테를 주문하고 스스로에게 말한다. "오늘은 특별한 날이니까 라테가 맞아." 바로 이것이 인지 부조화가 작동하는 순간이다.

사람은 이런 갈등을 피할 수 없다. 머릿속에서 충돌이 생기면 우리는 그 충돌을 없애려고 움직인다. 예를 들어, 친구가 초대권을 주며 새로운 헬스장을 가보라고 한다. 당신은 '운동해야지'라고 생각하면서도 '시간도 없고 귀찮아'라는 생각도 함께 떠오른다. 헬스장을 가지 않으면 스스로 운동해야 한다는 생각이 계속 괴롭힐 것이다. 하지만 헬스장을 가기로 결심하면, 이런 불편함은 사라진다. 그리고 당신은 스스로를 설득한다. "사실 나 혼자서 운동하기 어려우니 헬스장은 가볼 만한 가치가 있었어."

인지 부조화는 우리의 모든 일상에 자리 잡고 있다. 내가 운영했던 브랜드에서 바디 미스트를 주력 상품으로 판매하면서 추가상품으로 바디 크림을 끼워 판매했던 사례가 있다. 핵심 전략은 단순했다. "이 페이지에서만 바디 크림 30% 할인 제공, 구매 이후엔 할인 적용 불가"라는 제한적 조건이었다.

캠페인의 설계-한정된 할인 조건

"지금 이 페이지에서 바디 미스트를 구매하면 바디 크림을 30% 할인된 가격에 추가로 드립니다."

이 메시지는 고객의 머릿속에 즉각 갈등을 심었다. "바디 미스트는 이미 사고 싶었는데, 바디 크림도 이 가격에 살 수 있는 기회가 지금뿐이라면 놓치면 안 되겠지?"라는 생각을 유도했다. 이는 인지 부조화로 이어졌다.

• 구매 후에 더는 할인 제공 불가

"이 페이지를 나가거나 구매 후엔 바디 크림 할인이 적용되지 않습니다"라는 메시지는 고객의 행동을 촉진했다. 시간이 지날수록 고객은 "지금 이 기회를 놓치면 바디 크림을 정가로 사야 할지도 몰라"라는 불편함에 시달리며 즉각적으로 행동했다.

• 상품 간의 연결성 강화

바디 미스트와 바디 크림이 함께 사용될 때 더 좋은 효과를 낼 수 있다는 점을 강조했다. "바디 미스트와 바디 크림을 함께 사용하면 향이 더 오래 지속됩니다"라는 메시지는 두 제품의 연계성을 고객에게 각인했다. 고객은 두 제품이 서로 보완재라는 믿음을 갖게 되며, 추가상품 구매를 선택하게 되었다.

• 고객의 행동과 반응

캠페인이 시작되자마자 고객들의 반응은 뜨거웠다. 많은 고객이 바디 미스트를 장바구니에 담으면서 바디 크림까지 함께 구매했다.

"바디 미스트만 사려고 했는데, 크림을 할인된 가격에 살 수 있다면 지금이 기회지"라는 심리가 고객 행동의 중심에 있었다.

흥미로운 건 구매 후 고객 리뷰였다. 많은 고객이 할인해서 바디 크림도 같이 구매했다며 오히려 감사하다고 했다. 그들은 자신의 선택을 정당화하며 만족감을 느꼈다. 일부 고객은 "사길 잘했어요! 다음엔 정가로 사야 하겠지만 바디 미스트와 크림 너무 찰떡입니다"라며 선택에 자부심을 보였다.

인지 부조화를 활용한 설계 전략

• 제한적 혜택과 긴박감 설계

"구매 이후엔 할인 제공 불가"라는 조건은 고객이 선택을 미루는 여지를 없앴다. 고객은 "지금 행동하지 않으면 이 혜택을 놓칠 수 있다"라는 심리적 압박감을 느끼며 행동으로 이어갔다.

상품 간 연결성 강조

"두 제품을 함께 사용하면 더 좋은 효과를 낸다"라는 메시지로 제품 간 상호작용을 고객에게 설득력 있게 전달했다. 이는 고객이 두 상품을 세트로 인식하게 만들었다.

구매 후의 만족감 강화

구매한 고객들에게 설문지를 돌렸고 각각 사용했을 때와 함께 사용했을 때 뭐가 달랐는지 질문한 후 보습 퍼센트는 100%부터 작성할 수 있게 세팅했다. 그 후 "바디 미스트와 바디 크림을 함께 사용한 고객들이 각각 사용했을 때보다 보습력이 140% 이상 향상되었다고 평가했습니다"라는 데이터를 확인한 후 메시지로 제공했다. 그 결과 고객은 자신의 선택이 합리적이었음을 다시 한번 확인하고 브랜드에 대한 신뢰를 강화했고 구매자의 30% 이상이 재구매로 이어졌다.

대안 차단

한정된 혜택과 페이지에서만 제공되는 할인 조건은 고객이 다른 선택을 고민할 시간을 없애버렸다. 이는 행동의 속도를 높여 더 많은 구매로 이어졌다.

결론

인지 부조화는 고객의 머릿속에 불편함을 심어 행동을 촉진하고, 행동 이후에도 선택을 정당화하게 만든다. 바디 미스트와 바디 크림 캠페인은 이 원리를 효과적으로 활용한 사례였다. 제한된 혜택, 상품 간 연계성 강조, 긴박한 조건은 고객의 행동을 유도했으며, 구매 이후에도 만족감을 강화했다.

중요한 건 고객이 스스로 '이 선택은 내 의지에 따른 것이었다'고 믿게 만드는 것이다.

인지 부조화를 활용하려면, 고객의 머릿속에 갈등을 심어주는 것이 중요하다. 그들이 느끼는 불편함은 선택으로 이어질 가능성이 크다. 그리고 선택한 후에는 고객이 스스로 설득할 수 있는 환경을 만들어줘야 한다. 예를 들어, 제품의 품질이나 희소성, 특별한 혜택을 강조하면 고객은 구매 후에도 자신의 선택을 정당화하며 만족감을 느낄 것이다.

결국, 인지 부조화는 단순히 사람을 괴롭게 만드는 심리가 아니다. 그것은 행동을 이끄는 가장 빠른 길이다. 사람들은 불편함을 없애고자 움직이고, 그 과정에서 자신의 선택을 정당화한다. 일상에서 이런 심리가 작동하는 순간을 이해한다면 당신은 행동을 설계할 힘을 지닐 것이다.

▼ 핵심 문장
사람들은 불편함을 피하려 움직이고, 선택한 뒤에는 그 불편함이 옳았다고 믿는다. 인지 부조화는 단순한 갈등이 아니라 행동을 설계할 수 있게 해준다.

정보 부족이 고객을 조급하게 만드는 법

사람은 모르는 것에 약하다. 정보가 부족하면 머릿속이 어지러워지고 결정을 미루기보다 서두르게 된다. 그걸 우리는 마케팅에 활용하면 된다. 고객은 완벽한 정보를 기다리지 않는다. 오히려 불완전한 정보에 스스로 빈틈을 채우고 결정을 내린다. 그리고 그 결정을 정당화한다.

　여행 홈쇼핑은 정보 부족을 활용하는 최고의 사례 중 하나다. 화면에는 눈부신 휴양지와 고급스러운 호텔 그리고 '특별 할인'이라는 문구가 가득하다. 하지만 중요한 정보는 빠져 있다. 여행 일정의 세부 사항, 포함된 서비스의 구체적 내용, 추가 비용 여부는 명확히 알려주지 않는다. 그 대신 화면 하단에는 큼지막하게 "지금 바로 전화상담 예약을 하시면 특별 혜택을 드립니다!"라는 문구가 뜬다.

그 순간 고객의 머릿속에서 싸움이 시작된다. "이 여행이 정말 나한테 필요할까?"라는 생각도 잠시 "지금 전화하지 않으면 이 가격에 이 혜택을 놓칠지도 몰라"라는 불안이 감정을 지배한다. 결국 고객은 상품의 세부 사항도 제대로 알지 못한 채 전화를 건다. "지금 아니면 안 될 것 같은데 더 알아볼 시간이 없어!"라는 조급함이 행동을 이끄는 것이다.

이 과정에서 고객은 스스로 결정을 내렸다고 믿는다. 하지만 실제로는 여행 홈쇼핑이 설계한 정보의 부족과 조급함의 흐름 속에 움직인 것이다. 여행의 진짜 비용이나 세부 내용은 상담해야만 알 수 있다. 이미 전화를 건 순간, 고객은 한 발 더 깊이 들어간다. 상담원이 추가 혜택을 설명하면, 고객은 마음속에서 이렇게 합리화한다. "이건 정말 좋은 기회야. 지금이 아니면 이런 혜택을 받을 수 없을 거야."

여행 홈쇼핑의 성공은 단순히 상품의 매력을 보여주는 데 있지 않다. 고객이 생각할 시간을 없애고, 제한된 정보 속에서 빠르게 결정을 내리게 만드는 데 있다. 화면에 보여지는 화려한 영상과 감미로운 음악은 감정을 자극하고, 제한된 시간이라는 압박은 불안을 조장한다. 고객은 이 불편한 상태에서 벗어나고자 즉각적으로 행동하고 상담 전화를 걸게 된다.

결국, 여행 홈쇼핑은 단순히 상품을 파는 것이 아니라 정보를 의도적으로 제한하고, 고객이 불안을 느껴 행동하도록 설계된 흐름을 판다. 고객은 정보를 모두 파악한 후에 선택했다고 믿지만, 실은 이미 조급함 속에서 결정된 행동이었다. 이 흐름을 이해하면 고객의 심리를 더 깊이 파악할 수 있다. "그들이 왜 이렇게 서둘러 결정을 내리는가?"라는 질문에 답할 수 있다면 당신도 이러한 심리적 트리거를 활용할 수 있을 것이다.

▼
핵심 문장
조급함은 행동을 설계하는 가장 교묘한 무기다.

불완전한 정보 설계

불완전한 정보 설계는 고객의 행동을 유도하는 정교한 심리적 기법의 하나다. 핵심은 고객이 스스로 빈칸을 채우도록 만드는 것이다. 고객이 느끼는 부족함은 불안을 낳고, 이 불안은 행동으로 이어진다. 이를 잘 보여주는 예로 일상적인 구독 서비스 가입 과정을 떠올려보자.

어느 날, 한 친구가 OTT 서비스를 추천했다. "첫 달은 무료래. 마음에 안 들면 해지하면 되니까 손해 볼 게 없어." 나는 잠깐 고민하다가 가입하기로 했다. 첫 달 무료라는 말이 매력적이었다. 그런데 가입 페이지에 들어가 보니 요금제 옵션이나 해지 조건은 자세히 나와 있지 않았다. 그 대신 "지금 가입하세요. 첫 달 무료 혜택이 곧 종료됩니다!"라는 문구가 눈에 들어왔다.

나는 결국 회원 가입을 마쳤다. 서비스를 이용하면서 콘텐츠가 꽤 괜찮다고 생각했고, 자연스럽게 무료 기간이 끝날 즈음에도 해지하지 않았다. 무료라는 당근에 이끌려 시작했지만, 실제로는 결제 흐름에 이미 묶여버린 셈이었다.

불완전한 정보 설계를 효과적으로 활용하려면 몇 가지 원칙이 필요하다.

첫째, 고객이 원하는 핵심 정보를 먼저 보여줘라.

예를 들어, '첫 달 무료' 또는 '지금 가입하면 추가 포인트 제공' 같은 단순하고 매력적인 문구는 고객을 유혹한다. 그러나 그 뒤에 숨어 있는 조건들은 숨기거나 작게 표시한다. 고객은 가장 매력적인 정보에만 집중하고 추가 정보를 탐색하기보다는 당장 행동하려는 경향이 있다.

둘째, 정보의 흐름을 설계하라.

고객은 한 번에 모든 정보를 얻으려 하지 않는다. 따라서 가장 중요한 핵심 정보에서 출발해 세부 사항으로 자연스럽게 이어지는 흐름을 만들어라. 예를 들어, '첫 달 무료'라는 메시지는 고객의 관심을 끌기에 충분하다. 이어지는 과정에서 구체적인 결제 조건이나 추가 혜택이 차례로 나타나도록 설계하면 고객은 점진적으로 깊이 몰입하게 된다. 중요한 것은 처음에 모든 정보를 제공하는 대신 필요할 때마다 한 조각씩 보여주는 것이다.

셋째, 긴박감을 부여하라.

시간제한이나 수량제한은 불완전한 정보 설계의 필수 요소다. "첫 달 무료 혜택이 오늘까지만" 같은 문구는 고객이 천천히 정보를 탐색할 기회를 없앤다. 고객은 충분히 비교하거나 검토하지 못한 채 행동하게 된다. 이 긴박감은 고객의 논리적 판단을 마비시키고, 본능적으로 움직이게 만든다.

넷째, 선택의 문턱을 낮춰라.

불완전한 정보 설계는 고객이 '일단 시작해도 괜찮다'고 느끼게 만들어야 한다. 예를 들어, OTT 서비스에서는 "무료로 시작하세요. 언제든지 해지 가능합니다"라는 문구가 대표적이다. 이 문구는 결제와 같은 부담스러운 행동을 간단한 클릭으로 바꾼다. 고객은 행동의 문턱이 낮아진 순간, 이미 흐름에 들어온 것이다.

다섯째, 행동 이후의 정보 공개를 활용하라.

고객이 가입 후에야 세부 조건을 알게 되는 설계는 이 흐름을 강화한다. OTT 서비스에서 무료 기간이 끝난 뒤 "자동 갱신이 진행됩니다"라는 알림을 받는 순간, 고객은 해지를 고려하지만 이미 그 서비스에 익숙해져 있다. 구독 리스트에 포함된 콘텐츠, 저장된 취향 데이터는 고객을 더 강하게 묶어둔다.

불완전한 정보 설계는 고객이 스스로 결정을 내렸다고 믿게 만드는 데 있다. 가장 매력적인 정보만 강조하고, 나머지는 숨기거나 흩뿌려 놓는다. 고객은 행동하면서 자신이 이득을 본다고 생각하지만, 실제로는 설계된 흐름 속에서 움직이는 것이다.

▼
핵심 문장
행동을 이끄는 가장 좋은 방법은 완벽한 정보가 아니라 빈틈을 남긴 유혹이다.

고객의 행동과 인식을 조화시키는 기술

사람들은 행동과 생각이 충돌할 때 불편함을 느낀다. 이 불편함을 줄이려고 행동을 수정하거나 생각을 바꾸려 한다. 하지만 이미 행동한 후에는 생각을 바꾸는 쪽이 더 쉽다. 이 원리를 이해하면 고객의 행동과 인식을 조화시키는 기술을 설계할 수 있다.

행동과 인식을 조화시키는 핵심은 고객이 자신의 선택을 자랑스럽게 여기도록 돕는 것이다. 고객이 선택을 긍정적으로 느낄수록, 그들은 행동과 생각의 불편함을 줄이고 브랜드와 더 깊은 연결을 형성한다. 결과적으로 이는 단발적 소비를 넘어 장기적 신뢰와 관계를 만드는 기회로 이어진다.

예를 들어 다이소에 들어서면 소비자의 마음은 본능적으로 느슨해진다. "다 천 원밖에 안 해?"라는 첫 번째 충격은 소비의 문턱을 완전히 낮춘다. 고객은 그 낮아진 문턱 덕분에 자신도 모르게 매장 깊숙이 발을 들이고, 예상하지 못한 물건까지 손에 쥔다. 작은 공책 하나를 사러 갔다가 스티커, 필기구, 심지어 화분 장식까지 장바구니에 담는다.

다이소의 매장은 고객의 행동과 인식을 자연스럽게 연결한다. 구매를 주저하는 순간을 최소화하고, 고객 스스로 합리적 선택을 했다고 믿게 만든다. 행동과 인식이 충돌하지 않도록 설계된 구조 덕분에 고객은 스스로 소비를 이해한다.

다이소의 첫 전략은 '가격을 낮춰 망설임을 제거'하는 것이다. 천 원이라는 가격은 의사결정을 즉각적으로 만든다. 고객은 이 가격이라면 손해 볼 일이 없다고 생각한다. "이 정도는 사도 괜찮아"라는 단순한 논리가 소비 흐름을 이끈다. 그리고 구매 후에도 "천 원이면 충분히 가치 있었어"라는 생각으로 후회를 제거한다. 소비는 시작부터 끝까지 부드럽게 이어진다.

두 번째는 '발견의 즐거움'을 제공하는 것이다. 다이소의 진열대는 단순히 물건을 나열한 것이 아니다. 고객이 필요하다고 생각하지 않았던 물건을 발견하도록 설계된 보물찾기다. 수첩을 찾으러 가는 길에 갑자기 눈에 띄는 귀여운 펜과 미니 화분은 단순한 물건이 아니라 고객의 상상력을 자극한다. 고객은 '이런 게 있었네! 집에 두면 좋겠다'는 생각으로 구매를 납득한다. 고객 스스로 구매 이유를 만들어내도록 유도하는 것이다.

세 번째는 '타인을 활용'하는 방식이다.

매장 안에서 물건으로 가득 찬 장바구니를 들고 다니는 다른 고객들을 보는 순간, 소비자들은 안심한다. '다들 이렇게 많이 사는데, 나만 뭘 안 사면 이상하지 않을까?' 하는 마음이 든다. 혼자만의 결정보다는 주변의 행동이 당신의 선택을 더욱 설득력 있게 만든다.

이 모든 설계는 고객이 행동한 뒤에도 '잘했다'는 느낌을 받을 수 있도록 치밀하게 이루어진다. 다이소의 강점은 고객의 행동을 자연스럽게 이끌어내는 데 있다. 고객이 매장에서의 경험을 떠올릴 때마다 "천 원짜리로 이렇게 만족스러웠는데"라고 긍정적으로 기억한다. 이 기억은 또 다른 소비로 이어지는 기반이 된다.

이 과정에서 다이소는 절대 고객에게 직접 압박을 주지 않는다. 그 대신 고객 스스로 탐색하고, 발견하고, 선택한 것처럼 느끼게 한다. 이 자율성은 소비를 더 만족스럽게 만든다. 구매하는 순간부터 집에 돌아와 물건을 정리할 때까지 고객은 자신이 한 선택에 불편함을 느끼지 않는다. 모든 것을 스스로 결정했다고 믿는다.

이것이 행동과 인식을 완벽히 조화시키는 다이소의 기술이다. 다이소에서 나온 고객은 장바구니를 정리하며 스스로를 설득한다. "천 원짜리 몇 개 샀는데 뭐 어때?" "이건 나중에 분명 쓸 일이 있을 거야." 이 과정이 바로 구매 후 정당화 심리다. 사람은 자기 행동과 생각이 충돌하면 불편함을 느낀다. 그래서 행동을 바꾸는 대신 생각을 바꾼다. 이미 산 물건을 합리화하는 것은 그 불편함을 해소하는 가장 손쉬운 방법이다.

구매 후 정당화는 특히 합리적 소비를 중요시하는 사람들에게 강하게 작동한다. 다이소처럼 저렴한 가격 정책을 펴는 브랜드에서는 이 심리가 자연스럽게 발현된다. 고객은 돈을 많이 쓰지 않았다는 사실로 소비를 정당화한다. "이 정도 돈으로 이렇게 많이 샀으면 정말 잘 산 거지." 물건이 실제로 필요했는지는 중요하지 않다. 이미 소비했다는 행동 자체를 정당화할 수 있으면 된다.

이 심리는 고가의 상품에서도 동일하게 작동한다. 예를 들어, 명품 가방을 산 고객이 있다고 하자. 그는 주변 사람들에게 이렇게 말할 것이다. "이건 투자야. 몇 년 동안 들고 다닐 수 있잖아" 혹은 "내게 필요한 유일한 고급 가방이야." 하지만 그가 진짜로 가방을 산 이유는 다른 곳에 있다. 자신을 특별하게 느끼고 싶었고, 남들에게도 그렇게 보이고 싶었다. 그러나 그 욕구는 명품 구매 후 겉으로 드러나지 않는다. 그 대신 그는 실용성, 내구성 같은 이유를 내세우며 소비를 정당화한다. 그럴수록 스스로도 그 이유를 진짜라고 믿는다.

▼ 핵심 문장
진정한 설득은 고객이 자신의 선택을 자랑스러워하게 만드는 데 있다.

구매 후 정당화 심리 활용

이 심리를 활용하려면 소비 후 고객이 스스로를 설득할 수 있는 환경을 만들어야 한다. 먼저, 고객이 물건을 살 때 단순한 선택이 아니라 감정적으로 의미 있는 경험을 제공해야 한다. 다이소에서는 '발견의 즐거움'이 이 역할을 한다. 고객은 매장에서 자신만의 작은 보물을 찾아낸 것처럼 느낀다. 그 감정이 강렬할수록 구매 후 정당화는 더 쉬워진다.

구매 후에도 고객이 선택을 잘했다고 느낄 만한 단서를 제공해야 한다. 예를 들어, "이 제품은 이미 수많은 고객에게 사랑받고 있습니다"라는 메시지를 결제 후 보여주는 것이다. 고객은 자신의 선택이 다른 사람들과도 일치한다는 사실에서 안심한다. "내가 잘못 선택한 게 아니구나"라는 확신이 생긴다.

하지만 고객이 물건을 산 뒤 "내가 왜 이걸 샀지?"라고 의문을 품는 순간이 가장 위험한 지점이다. 이때 기업은 고객이 긍정적인 답을 내리도록 설계해야 한다. 구매 경험이 긍정적일수록 고객은 자신을 더 쉽게 설득한다. 결국 이 심리가 강해질수록 그 고객은 더 충성도가 높은 소비자가 된다.

구매 후 정당화 심리는 단순히 고객의 마음을 편안하게 만드는 것이 아니다. 고객이 다시 돌아오게 만드는 연결고리다. 고객이 자기 소비를 긍정적으로 기억하면, 다음번에도 같은 브랜드를 선택할 확률이 높아진다. 따라서 기업은 판매 과정뿐 아니라 구매 후에도 고객이 스스로를 설득할 수 있는 환경을 만들어야 한다. 고객이 "내 선택은 옳았어"라고 믿는 순간 그 브랜드는 그들 마음속에 자리 잡는다.

▼
핵심 문장
구매는 끝이 아니라 시작이다. 고객이 스스로 '내 선택은 옳았어'라고 믿는 순간 브랜드는 단순한 거래를 넘어 신뢰를 얻는다.

고객이 스스로 설득되었다고 믿게 하라

고객은 설득당했다고 느끼는 순간 저항한다. 그러나 자신이 스스로 결정했다고 믿으면 만족감과 신뢰는 배가된다. 이 심리를 활용하려면 고객이 자연스럽게 선택의 주도권을 가졌다고 느끼게 만드는 환경을 설계해야 한다. 당신이 원하는 행동으로 고객을 유도하면서도 고객 스스로 선택한 것처럼 느끼게 만드는 것이 핵심이다.

마켓컬리의 '오늘의 특가' 사례

마켓컬리는 고객이 스스로 똑똑한 선택을 했다고 믿게 만드는 데 탁월하다. 예를 들어, "오늘만 최대 30% 할인!"이라는 문구와 함께 한정 수량 제품을 특가로 제공하는 방식을 활용한다. 고객이 앱에 접속하면 메인 화면 상단에 '오늘의 특가' 코너가 눈에 띄게 배치되어 있다. 그러나 강요하거나 광고처럼 보이지 않는다. 고객은 스스로 발견한 것처럼 이 코너를 클릭한다.

클릭 후 할인된 제품을 스크롤하며 탐색하는 동안 '이 상품은 놓치면 안 되겠다'는 생각이 들기 시작한다. 제품 옆에는 "남은 수량 12개"라는 문구가 함께 표시된다. 이는 고객의 머릿속에 긴박감을 심어준다. 하지만 고객은 이러한 긴박감을 설계된 전략으로 느끼지 않고 자신이 '좋은 기회를 찾았다'고 생각하게 된다.

고객이 선택하는 과정

발견의 즐거움: 고객은 앱을 열고 스스로 "오늘은 뭐가 특가로 나왔을까?"라고 궁금해하며 탐색한다. 마켓컬리는 고객이 강요받는 느낌 없이 제품을 직접 발견하게 만든다.

긴박감 조성: '남은 수량'이나 '오늘까지만!' 같은 제한적 메시지는 고객이 결정을 망설이지 않도록 유도한다. 하지만 이러한 메시지는 광고처럼 보이지 않도록 단순하고 자연스럽게 디자인되어 있다.

선택 후 확신 강화: 고객이 구매 버튼을 누르고 나면, "오늘의 좋은 선택! 지금 구매하신 상품은 고객 리뷰 98% 만족도를 기록한 인기 상품입니다"라는 메시지가 뜬다. 이는 고객이 스스로 똑똑하

고 합리적인 결정을 내렸다고 느끼게 만든다.

이것이 왜 효과적일까? 고객은 강요당하거나 조작당했다고 느끼지 않는다. 모든 단계에서 선택의 주도권을 쥔 것처럼 느낀다. 실제로는 마켓컬리가 설계한 흐름을 따라왔지만, 고객은 '내가 똑똑하게 좋은 기회를 잡았다'고 믿게 된다. 심리적 저항감 없이 이루어진 이 과정은 단순 구매를 넘어 브랜드에 대한 신뢰를 강화하는 데까지 이어진다.

교훈

마켓컬리의 사례는 고객에게 설득의 흔적을 남기지 않는 설계의 중요성을 보여준다. 고객이 주도권을 가졌다고 믿게 만드는 설계는 단순한 마케팅 기술이 아니다. 그것은 고객이 스스로 설득되었다고 믿게 하면서도 브랜드와의 깊은 연결을 만들어내는 전략이다.

이 과정에서 가장 중요한 점은 고객이 강요당하는 느낌을 전혀 받지 않는다는 것이다. 마켓컬리는 모든 구매 여정을 철저히 설계하면서도 고객이 스스로 선택했다고 믿게 만든다. 앱의 직관적인 UI 디자인부터 "이 상품은 지금 이 순간 가장 인기 있는 상품입니다"라는 메시지, "남은 수량 5개!" 같은 트리거 문구까지 모든 것이 고객의 무의식을 자연스럽게 자극한다. 하지만 고객은 이를 설득당했다고 느끼지 않는다. 오히려 자신이 필요한 상품을 직접 탐색하고 발견한 것처럼 느낀다.

이러한 설계는 세밀하게 조율된 흐름 덕분에 가능하다. 할인 메시지나 특가 코너는 눈에 띄지만 과하지 않으며, 고객에게 부자연스럽게 선택을 강요하는 대신, 발견의 즐거움을 준다. 추천 알고리즘 또한 마치 고객의 선호를 정확히 꿰뚫고 있는 듯 자연스럽게 개인화된 추천 목록을 제시한다. 고객은 이러한 모든 과정에서 자신이 현명하게 소비했다고 확신한다.

결국, 고객은 자신이 현명한 선택을 했다는 자부심과 함께 마켓컬리가 제공한 흐름 속에서 구매를 완료하게 된다. 구매 후 제공되는 리뷰 작성 유도나 "다른 고객들은 이런 상품도 구매했습니다"라는 추가 추천은 고객이 이미 구매한 결정을 긍정적으로 강화하며 다음 구매를 준비하게 만든다. 고객은 자신이 처음부터 끝까지 주도적으로 선택했다고 믿지만, 사실 모든 것은 이미 정교하게 설계된 여정이었다.

이것이 고객을 설득하는 진정한 힘이다. 설득의 흔적을 남기지 않고도 고객이 스스로 선택했다고 믿게 만드는 것, 그것이야말로 현대 마케팅의 정수다.

▼ 핵심 문장
설득의 흔적을 지우고 자율성의 환상을 설계하라.

– 최근 구매한 제품의 구매 이유와 감정 적어보기

목적

이 미션은 소비자로서 자신의 구매 패턴을 분석하고, 구매 뒤의 정당화 과정을 인식하도록 돕는 데 목적이 있다. 간단한 질문으로 구매 행동과 감정을 적어보고, 자신의 소비 성향을 파악할 수 있다.

미션 진행 방법

- **최근 구매한 제품 떠올리기**: 최근 구매한 제품 하나를 선택한다. 물건의 크기나 가격에 상관없이 기억나는 구매를 떠올리면 된다.
- **구매 이유 적기**: 왜 이 제품을 샀는지 생각한다.
  예: 필요해서, 세일 중이라서, 예뻐 보여서, 누군가 추천해서.
  구매 당시 이유와 지금 생각하는 이유가 같은지 비교해본다.

구매 과정에서 느낀 감정 적기

- **구매를 결심하기 전 느낀 감정**: 불안, 기대, 설렘, 의무감 혹은 아무 감정 없음
- **구매 결정을 내린 순간 느낀 감정**: 안도감, 흥분, 자신감
- **구매 후 느낀 감정**: 만족감, 아쉬움, 허탈감

구매 후 정당화 과정 분석

자신에게 어떤 말을 하며 구매를 합리화했는지 적는다.

예: "이건 정말 필요했어." "할인할 때 안 샀으면 손해였을 거야."
"이 브랜드라서 믿을 만해."

정당화가 충분히 이루어졌는지 혹은 여전히 후회가 남아 있는지
생각해본다.

4단계

반복의 힘

— 익숙함으로 무의식을 장악하라

익숙함은 무의식에 들어가는 열쇠

하루에도 수십 개, 아니 수백 개의 광고가 우리 눈앞을 지나간다. 하지만 우리는 그중 몇 개나 기억할까? 대부분은 스쳐 지나갈 뿐이다. 그런데도 한 가지 사실은 명확하다. 같은 광고를 반복해서 보다 보면, 어느새 그것이 머릿속에 자리 잡는다. 익숙함이 만들어낸 신뢰다. 그리고 신뢰는 행동을 만든다.

사람은 반복에 약하다. 한 번 본 광고는 무심코 넘기지만 두 번, 세 번, 계속 보게 되면 무의식적으로 '이 브랜드는 믿을 만하다'는 생각이 들기 시작한다. 처음 본 것이 낯설고 경계심을 불러일으킨다면, 반복해서 본 것은 익숙함으로 편안함과 신뢰를 준다. 익숙한 것이 곧 안전한 것이고, 안전한 것이 곧 믿을 만한 것이기 때문이다.

얼마 전, 한 커피 브랜드의 광고를 보며 이런 경험을 했다. 아침마다 휴대전화로 뉴스를 볼 때 그 브랜드의 로고가 화면 한쪽에 떠 있었다. 처음에는 신경 쓰지 않았다. 하지만 일주일쯤 지나자 그 로고가 익숙하게 느껴졌다. 왠지 모르게 익숙해졌고 그러다 문득 "한 번 마셔볼까?"라는 생각이 자연스럽게 들었다. 마치 내가 스스로 결정을 내린 것처럼 보였지만, 사실은 반복 노출이 만든 결과였다.

반복은 우리의 선택을 준비한다. 사람들은 스스로 의식하지 못하는 사이에 자주 본 브랜드를 신뢰하기 시작한다. 익숙함은 거부감을 없애고 경계심을 낮춘다. 소비자는 더 이상 '이 브랜드가 뭘까?'라는 질문을 하지 않는다. 이미 익숙하기 때문이다.

브랜드가 무의식에 들어가는 과정은 단순하다. 반복적으로 노출되는 로고와 색상, 같은 톤의 메시지, 비슷한 분위기의 이미지. 이것들이 소비자의 무의식에 스며든다. 소비자는 그 브랜드를 따로 생각하지 않더라도 다른 선택지 앞에서 자연스럽게 익숙한 것을 고르게 된다.

단순한 노출로 끝나지 않는다. 반복은 감정적 연결고리를 만든다. 익숙한 광고 음악을 들으면 편안함을 느끼고, 같은 로고를 반복적으로 보면 안정감을 느낀다. 예를 들어, 특정 브랜드의 로고를 여러 매체에서 반복적으로 보면, 그 브랜드가 어디에 있든 소비자는 신뢰를 보낸다. 반복이 만든 익숙함은 신뢰로, 신뢰는 행동으로 이어진다.

이 과정은 설득이 아니라 자연스러운 흐름이다. 사람들은 반복적으로 본 것을 자기 선택처럼 느낀다. 하지만 진짜 이유는 단순하다. 익숙하기 때문이다. 무의식은 자주 본 것을 더 안전하고 바람직하다고 여긴다. 그렇기에 반복은 단순한 기술이 아니라 무의식을 설계하는 방법이다.

반복의 힘을 활용하려면 세 가지를 기억해야 한다. 첫째, 노출 빈도다. 소비자가 한 번 보고 지나칠 수 있는 것이라도, 반복하면 익숙함으로 바뀐다. 둘째, 메시지의 일관성이다. 브랜드의 톤과 이미지는 항상 같아야 한다. 셋째, 익숙한 것을 주변에 깔아두는 것이다. 광고, 매장 환경, 소셜미디어 등 소비자가 접할 수 있는 모든 공간에서 같은 메시지를 반복해야 한다.

익숙함은 무의식에 들어가는 열쇠다. 그 열쇠를 사용하는 자가 소비자의 선택을 만든다. 반복은 단순히 광고를 많이 하는 것이 아니다. 반복적으로 노출되는 동안 무의식을 설계하고, 소비자가 스스로 선택했다고 믿게 만드는 힘이다.

▼ 핵심 문장
사람들이 스스로 선택했다고 믿는 그 순간 당신의 반복이 이미 선택을 만들어낸 것이다.

반복 노출은 어떻게 신뢰를 만드나

처음 본 브랜드를 믿기는 어렵다. 인간은 낯선 것에 본능적으로 경계심을 느낀다. 하지만 같은 브랜드, 같은 이미지를 반복해서 접하면 상황은 달라진다. 익숙함이 경계심을 무너뜨리기 때문이다. 반복 노출이 신뢰를 만드는 첫 번째 이유는 바로 여기에 있다. 사람은 익숙한 것을 안전하다고 느끼고 안전하다고 느끼는 것에 신뢰를 준다.

얼마 전, 전혀 들어본 적 없는 한 건강음료 광고를 보았다. 첫인상은 그저 낯설었다. "뭐지? 이게 정말 효과가 있을까?"라는 의문부터 들었다. 하지만 며칠 뒤, 같은 광고를 유튜브에서, 지하철 스크린에서, 심지어 SNS 피드에서도 접했다. 몇 주가 지나자 나도 모르게 그 브랜드 이름을 기억하고 있었다. 처음 느꼈던 의문과 경계심은 사라졌고, 어느 순간 '이거 한번 시도해봐도 괜찮을 것 같은데'라는 생각이 들었다. 이건 내가 똑똑한 소비자라서가 아니라 반복 노출이 만든 착각이었다.

단순히 자주 접한 것이 익숙해지고, 익숙해진 것이 신뢰로 이어진다는 법칙이다. 무의식은 단순하다. 같은 메시지가 반복될수록 그것을 긍정적으로 받아들인다. 본능적으로 익숙한 것은 안전하다고 느끼기 때문이다. 이 과정은 대부분 무의식적으로 진행된다. 사람들은 스스로 그것을 선택했다고 믿지만, 실은 반복 노출의 결과에 불과하다.

브랜드는 이 원리를 교묘하게 활용한다. 같은 로고, 같은 색상, 같은 톤의 메시지를 다양한 매체에서 끊임없이 보여준다. 광고 내용은 다소 평범해도 괜찮다. 중요한 건 메시지가 일관되게 반복된다는 점이다. 반복은 브랜드를 무의식 속에 각인하고, 사람들이 그것을 '믿을 만하다'고 느끼게 만든다.

특히 반복 노출은 첫인상의 단점을 극복하는 데 효과적이다. 처음 본 브랜드나 상품은 낯설게 느껴지고, 심지어 품질에 대한 의심을 불러일으킬 수도 있다. 하지만 같은 이미지를 여러 번 보게 되면, 그 의심은 점차 줄어든다. 반복은 '이 브랜드는 자주 보이는 걸 보니 믿을 만하다'는 신호를 무의식적으로 보낸다. 설령 누군가가 한 번도 사용해보지 않은 브랜드라도 반복적으로 노출된 브랜드는 더 신뢰를 얻게 된다.

반복 노출의 또 다른 장점은 사람들이 스스로 선택했다고 느끼게 만든다는 것이다. 누군가 특정 브랜드를 선택하면서도 "이 브랜드가 좋아서 선택했어"라고 말한다. 하지만 그 선택은 실제로 무의식에 심어진 익숙함의 결과다. 반복 노출은 강요가 아니라 자연스럽게 이루어진 흐름처럼 느껴지기에 사람들은 자신이 설득당했다고 생각하지 않는다. 이것이 반복 노출이 단순한 광고를 넘어 설득 방법이 되는 이유다.

반복 노출을 효과적으로 활용하려면 세 가지를 기억해야 한다. 첫째, 일관된 메시지다. 브랜드의 로고, 색상, 이미지가 일관될수록 무의식은 그것을 더 빨리 받아들인다. 둘째, 다양한 접점을 확보해야 한다. 텔레비전 광고, SNS, 오프라인 매장 등 사람들이 마주칠 수 있는 모든 채널에서 반복적으로 노출해야 한다. 셋째, 끊임없이 보여주는 것이다. 반복의 힘은 시간과 빈도에서 나온다. 한 번 스쳐 지나가는 이미지는 기억되지 않지만, 반복적으로 접한 이미지는 뇌 속에 각인된다.

결국, 반복 노출이 신뢰를 만드는 이유는 단순하다. 익숙함이 안전감을 주기 때문이다. 인간은 낯선 것을 경계하도록 진화했다. 새로운 환경, 새로운 사람, 새로운 물건은 위험 요소가 될 가능성이 있었다. 하지만 자주 보고 익숙해지면, 무의식은 그것을 '안전하다'고 판단한다. 그리고 이 안전감은 곧 신뢰로 이어진다.

생각해보라. 당신이 처음 본 브랜드와 자주 본 브랜드 중 어느

쪽에 더 신뢰가 가는가? 자주 본 브랜드는 익숙함으로 심리적 거리가 줄어든다. 반면 처음 본 브랜드는 낯설기에 본능적으로 경계하게 된다. 이것이 반복 노출이 신뢰를 만드는 첫 번째 원리다.

반복은 의심을 제거한다. 처음 본 제품이나 브랜드는 품질에 대해 의문이 들 수 있다. 하지만 그것이 계속 노출되면 무의식은 '이 브랜드가 자주 보이는 걸 보니 문제가 없는가 보다'라고 판단한다. 이것은 논리가 아니라 감정과 본능의 문제다. 사람들은 자신이 논리적으로 선택한다고 믿지만, 사실은 반복되는 이미지와 메시지가 무의식적으로 신뢰를 형성한 결과다.

반복은 진실처럼 느껴진다. 특정 메시지나 이미지를 반복적으로 접하면, 그것이 점점 긍정적으로 느껴진다. 예를 들어, 처음 들었을 땐 별로였던 노래가 자주 들을수록 좋아지는 경험을 떠올려보라. 브랜드도 마찬가지다. 자주 보면, 무의식은 그것을 긍정적으로 받아들인다.

익숙함은 이성보다 빠르다. 무의식은 빠르고 효율적으로 작동한다. 반면 이성은 느리고 에너지가 많이 든다. 그래서 익숙한 것을 만났을 때, 무의식은 논리적 판단 없이 괜찮다고 느끼게 된다. 이는 인간이 빠른 결정을 내리려고 진화한 생존 메커니즘이다. 브랜드가 반복 노출로 익숙해지면 무의식은 그것을 안전한 선택으로 간주한다.

성공적인 브랜드는 반복 노출의 원리를 교묘하게 활용한다. 로고, 컬러, 메시지 등을 일관되게 사용하는 이유가 여기에 있다. 예를 들어, 애플의 심플한 디자인과 로고는 우리가 어디에서나 쉽게 알아볼 수 있다. 이는 단순히 시각적인 효과가 아니라 무의식 속에 각인된 결과다.

더 나아가 다양한 접점에서 반복 노출도 중요하다. 고객이 텔레비전 광고에서 본 브랜드를 SNS, 매장, 포장지 등에서 계속 접하면 무의식은 그것을 더 안전하다고 느낀다. 여러 채널에서 반복 노출된 메시지는 브랜드의 신뢰도를 강화한다.

사람들은 반복 노출을 자신의 선택이라고 믿는다. 강요당했다고 느끼면 사람들은 반발하지만, 반복 노출은 자연스럽게 이루어지기 때문에 설득당했다는 느낌이 들지 않는다. 오히려 자신이 자발적으로 선택했다고 믿는다. 이것이 반복 노출이 단순히 신뢰를 만드는 것을 넘어 행동으로 이어지는 이유다.

결론적으로, 반복 노출은 익숙함→안전감→신뢰 단계를 거쳐 고객의 마음을 움직인다. 당신이 만든 브랜드나 메시지가 낯설다면 단순히 노출이 부족한 것이다. 신뢰를 원한다면 계속 보여주어라. 그 반복이 고객의 선택을 만든다.

▼ 핵심 문장
사람들은 자신이 선택했다고 믿지만 그 선택은 반복 노출이 무의식에 심은 익숙함의 결과다. 신뢰를 원한다면 꾸준히 보여주라. 반복이 곧 선택을 설계한다.

무의식에 각인되는 브랜드 전략

반복 노출은 브랜드를 무의식에 각인하는 가장 쉽고 빠른 방법이다. 이 전략의 핵심은 단순하다. 같은 이미지를, 같은 메시지를, 같은 방식으로 계속 보여주는 것이다. 하지만 이 단순한 전략이 사람들의 마음속 깊이 브랜드를 심고, 나아가 신뢰를 형성한다는 점에서 그 효과는 결코 단순하지 않다.

코카콜라를 떠올려보자. 빨간색, 흰색 로고, 특유의 병 모양. 이 모든 것이 반복 노출로 우리 머릿속에 각인되었다. 우리는 매년 크리스마스가 다가오면 코카콜라의 산타 광고를 기다린다. 그 광고는 새로운 제품이나 특별한 프로모션을 소개하는 것이 아니다. 단지 익숙한 이미지를 반복적으로 보여줄 뿐이다. 하지만 그 반복이 브랜드를 신뢰감의 상징으로 만든다.

스타벅스도 반복 노출의 마법을 보여주는 대표적 사례다. 매장마다 동일한 색감, 로고, 메뉴판을 사용하는 것은 물론 계절마다 특정 음료를 반복적으로 선보인다. 특히 펌킨 스파이스 라테처럼 특정 시즌에만 제공되는 음료는 소비자에게 익숙함과 동시에 특별함을 느끼게 한다. 이 반복적인 경험은 스타벅스라는 브랜드가 안정적이고 신뢰할 수 있다는 이미지를 강화한다.

예를 들어, 나이키의 'Just Do It' 슬로건은 반복적으로 사용되며 브랜드의 정체성을 구축했다. 이 슬로건은 단순히 운동화를 팔려는 문구가 아니다. 반복 노출로 소비자들에게 도전과 열정의 상징으로 자리 잡았다. 사람들은 나이키 로고를 보는 것만으로도 그 슬로건을 떠올리고, 자연스럽게 나이키가 제공하는 가치와 연결한다.

광고뿐이 아니다. 반복 노출은 매장 환경에서도 강력하다. 다이소를 떠올려보자. 어디를 가든 동일한 레이아웃과 색상을 사용하는 이 매장은 고객들에게 익숙함을 제공한다. 새로운 매장에 처음 방문하더라도 고객은 마치 오랜 단골처럼 편안함을 느낀다. 이것이 바로 반복 노출이 제공하는 안정감이다. 익숙한 것은 안전하다는 무의식적 신호를 보내기 때문이다.

반복 노출은 단지 브랜드를 알리는 데 그치지 않는다. 그것은 브랜드와 고객 사이에 보이지 않는 신뢰의 다리를 놓는다. 같은 로고, 같은 색상, 같은 메시지를 계속 보여줌으로써 고객은 이 브랜드가 변하지 않고, 일관되며, 믿을 수 있다고 느낀다. 그리고 이 신뢰는 구매로 이어진다.

결국, 반복 노출의 힘은 단순함에 있다. 단순하지만 강력하다. 당신이 무언가를 홍보하려 한다면, 한 가지 메시지를 정하고 그것을 반복하라. 소비자는 그것을 잊지 않을 것이다. 그리고 어느 순간, 그 익숙함은 신뢰로 변해 있을 것이다.

▼ 핵심 문장
같은 메시지를 끊임없이 보여주는 단순함이 무의식에 각인되며 소비자의 선택은 그 신뢰 위에서 이루어진다.

브랜드를 무의식에 심는 법

사람들의 머릿속에 브랜드를 심는다는 것은 마치 씨앗을 뿌리는 것과 같다. 처음엔 보이지도 않고, 티도 안 난다. 하지만 그 씨앗이 자리 잡으면 물을 주지 않아도, 돌보지 않아도 알아서 자란다. 브랜드를 소비자의 무의식에 심는다는 건 이런 일이다. 억지로 뭔가를 강요하지 않고 자연스럽게 자리 잡게 만드는 것. 사람들이 자신도 모르게 당신의 브랜드를 떠올리도록 하는 것이다. 그리고 그 시작은 단순한 질문 하나다. "왜 이 브랜드를 기억해야 하지?"

기억에 남는 브랜드는 이유가 있다. 사람은 본능적으로 익숙한 것을 좋아한다. 처음 본 건 낯설고 어딘가 불안하다. 그런데 반복적으로 보게 되면 이야기가 달라진다. 처음에는 "저게 뭐지?" 싶었던 게 어느 순간 "익숙하네"로 바뀌고, 끝에는 "믿을 만하네"로 자리 잡는다. 신기한 건 사람들이 이 과정을 의식하지 못한다는 점이다. "아, 내가 이 브랜드를 믿기로 했어"라고 생각하는 게 아니다. 그저 자연스럽게 그렇게 느끼게 되는 것이다.

그런데 중요한 건 억지로 '보게' 만들지 말아야 한다는 것이다. 강제로 눈앞에 들이밀면 사람들은 방어적으로 된다. 마치 누가 문 앞에서 계속 물건을 팔려 하면 문을 닫고 싶어지는 것처럼 말이다. 그 대신 부드럽게, 자연스럽게 스며들어야 한다. 가볍게 스쳐 지나가는 포스터, 스크롤하다가 흘끗 보게 되는 짧은 동영상, 친구의 대화에서 슬쩍 언급되는 브랜드 이름. 이런 방식으로 '잠깐'을 계속 반복해야 한다.

그런데 반복이 전부가 아니다. 아무리 많이 노출해도, 맥락 없이 마구 던지면 기억에 남지 않는다. 중요한 건, 사람들이 받아들일 준비가 된 순간에 노출되는 것이다. 예를 들어, 누군가 새 운동화를 사려고 검색한다면 그 순간 운동화 브랜드가 등장해야 한다. 평소엔 그냥 지나쳤을 광고도 그 순간엔 관심을 두게 된다. 그리고 '어? 이 브랜드 좀 봤던 것 같은데?'라는 생각이 든다. 그 생각이 중요하다. 익숙함과 타이밍이 맞물릴 때 무의식에 심어지는 강도가 훨씬 세진다.

여기서 중요한 게 있다. 감정을 움직여야 한다. 사람들은 이성적으로 선택한다고 생각하지만, 사실은 감정이 먼저 움직인다. "이 브랜드는 뭔가 믿음직해"라든지 "이걸 쓰면 내 삶이 더 나아질 것 같아" 같은 감정적 반응이 행동을 결정한다. 그래서 브랜드는 기능만 강조하는 대신 감정을 건드려야 한다. 예를 들어, 비싼 시계를 파는 브랜드는 시계가 몇 초를 오차 없이 맞춘다는 걸 말하지 않는다. 그 대신 이 시계를 찬 자신이 어떤 사람인지, 어떤 삶을 살고 싶은지 생각하게 만든다.

감정을 건드리는 방식은 다양하다. 누군가는 공감의 메시지를 좋아하고, 누군가는 도전적이고 자극적인 걸 좋아한다. 중요한 건 당신의 브랜드가 어떤 감정을 전달할지 명확히 하는 것이다. 모호하게 이리저리 흔들리면 사람들 머릿속에 자리 잡기 어렵다. "이 브랜드를 보면 뭔가 따뜻한 기분이 든다"든지 "이 브랜드는 날 자극해서 뭔가 하고 싶게 만들어" 같은 이미지가 머릿속에 그려져야 한다.

무의식에 심는다는 건 그야말로 '무의식적'으로 이루어져야 한다. 광고나 마케팅이라고 노골적으로 드러나는 순간 사람들은 거리를 두기 시작한다. 오히려 당신의 브랜드가 자연스러운 대화 속에, 사람들이 흔히 접하는 경험 속에 스며들어야 한다. 이건 마치 안개처럼 움직이는 것이다. 어디에 있는지 명확히 보이지 않지만, 어느새 주변에 가득 차 있는 상태. 사람들이 무심코 당신 브랜드를 이야기하고 평범한 순간 속에서 브랜드가 노출되게 만들어야 한다.

브랜드는 사람들의 머릿속에 특정한 이미지와 연결될 때 진짜 자리 잡는다. 그런데 이 이미지는 너무 복잡할 필요가 없다. 오히려 심플해야 좋다. 색깔 하나, 문구 하나, 톤앤매너 하나만 확실하게 각인되면 된다. 그리고 그걸 모든 접점에서 일관되게 보여주는 게 중요하다. 사람들이 "이건 그 브랜드구나"라고 즉각적으로 떠올릴 수 있을 만큼 말이다.

가령, 파란색이 딱 떠오르면 특정 소셜 네트워크가, 붉은색이 떠오르면 특정 스포츠 음료가 생각나는 이유는 바로 이 흔적 때문이다. 이는 한번에 되는 게 아니다. 시간을 들여 꾸준히, 반복적으로 그러나 자연스럽게 브랜드를 노출해야 한다.

결국, 브랜드를 무의식에 심는 건 강요가 아니라 설계의 문제다. 익숙하게, 부드럽게, 감정을 움직이면서 사람들 일상에 자연스럽게 스며들게 만드는 것. 당신 브랜드가 소비자의 무의식에 자리 잡으면, 그들은 자신도 모르게 당신을 선택하게 될 것이다. 그게 브랜드의 씨앗이 자라나는 순간이다.

▼ 핵심 문장
브랜드는 강요가 아니라 반복되는 익숙함으로 무의식에 뿌리내린다.

로고, 컬러, 메시지의 반복적 사용

로고, 컬러, 메시지의 반복적 사용은 브랜드를 소비자의 무의식에 각인하는 전략 중 하나다. 이 세 가지는 소비자의 감각을 자극하고, 브랜드의 정체성을 지속적으로 상기시키는 역할을 한다. 성공적인 사례와 구체적인 방법으로 이 전략을 쉽게 이해할 수 있다.

첫째, 로고는 브랜드의 얼굴이다. 로고는 단순할수록 기억에 오래 남는다. 로고는 브랜드의 얼굴이자 첫인상이다. 사람들은 첫인상으로 기억할지 말지를 판단한다. 그래서 로고는 단순하고 직관적이어야 한다. 복잡하고 의미를 알 수 없는 로고는 금세 잊히기 마련이다. 반면, 애플의 깔끔한 사과 로고, 나이키의 스우시Swoosh, 아디다스의 세 줄 로고처럼 심플한 디자인은 한 번만 봐도 기억에 오래 남는다. 단순한 로고는 복잡한 설명 없이도 그 브랜드의 철학과 가치를 즉각적으로 떠올리게 한다. 하지만 이 단순함의 힘은 단순히 디자인에서 끝나는 것이 아니다. 반복 노출이 더해질 때 그 진가를 발휘한다.

브랜드가 로고를 성공적으로 각인하려면 단순히 로고를 잘 만들어내는 것에 그치지 않고, 이를 고객의 일상에 녹여내야 한다. 로고가 소비자의 일상에서 반복적으로 등장할수록 그 효과는 배가된다. 예를 들어, 텀블러 브랜드 스탠리는 로고를 제품, 패키징, 광고자료 등 모든 접점에서 일관되게 활용했다. 커피를 마실 때 텀블러에 새겨진 로고를 보고, 매장에서 같은 로고를 접하며, 소셜미디어 광고에서도 동일한 로고를 마주친다면 소비자는 그 로고를 더는 낯설게 느끼지 않는다. 오히려 익숙함이 쌓이면서 자연스럽게 안정감을 느끼게 되고, 결국 신뢰로 이어진다.

로고를 반복적으로 노출하려면 단순히 물리적인 접촉을 늘리는 것 이상이 필요하다. 로고가 등장하는 맥락도 중요하다. 고객이 자주 접하는 상황이나 장소에서 로고가 자연스럽게 보이도록 설계해야 한다. 예를 들어, 스타벅스는 로고가 들어간 종이컵을 활용해 커피를 마시면서도 브랜드를 상기시키는 동시에, 다른 사람들에게도 그 로고를 노출한다. 이는 한 고객이 스타벅스를 사용할 때 다른 잠재 고객들에게도 브랜드를 알리는 역할을 한다. 같은 로고가 여러 맥락에서 반복적으로 등장할 때, 소비자는 브랜드가 자신의 일상과 깊이 연결되어 있다고 느끼며 친밀감을 형성한다.

로고의 단순한 반복 노출은 고객의 무의식을 자극한다. 이는 심리학에서 '익숙함의 법칙'으로 설명된다. 사람들은 익숙한 것을 안전하다고 느낀다. 처음 본 로고는 낯설기에 약간의 불신을 불러일으킬 수 있다. 그러나 시간이 지나고 그 로고가 반복적으로 눈에 들어오면, 사람들은 점점 그 로고에 편안함을 느끼고 신뢰를 쌓아간다. 무의식적으로 '이 로고를 여러 번 봤으니 믿을 수 있을 것 같다'는 생각이 자리 잡는다.

로고가 일관되게 사용되지 않으면 소비자는 혼란을 느낀다. 만약 같은 브랜드에서 로고가 때로는 빨간색, 때로는 파란색으로 나타난다면 또는 서체와 모양이 자주 바뀐다면 고객은 브랜드에 대해 일관성 없는 이미지를 가지게 된다. 이는 신뢰를 구축하는 데 치명적이다. 따라서 브랜드는 로고의 색상, 형태, 배치 방식까지 철저히 통일성을 유지해야 한다. 이러한 디테일은 브랜드의 정체성을 강화하며, 무의식적으로 소비자가 브랜드를 더 쉽게 기억하고 신뢰하도록 돕는다.

결국 로고는 단순한 심벌이 아니다. 로고는 소비자가 브랜드를 만나고 기억하고 신뢰하는 첫걸음이다. 이를 반복적으로, 일관되게, 전략적으로 노출할 때, 로고는 단순한 그림을 넘어 브랜드의 신뢰와 안정감을 상징하는 아이콘이 된다.

둘째, 컬러는 무의식을 자극한다. 컬러는 단순한 디자인 요소가 아니라 브랜드 정체성을 형성하는 방법 중 하나다. 단순히 시각적 요소에 머무르지 않고, 사람의 심리적 반응을 유도하고 무의식에 깊이 각인된다. 특정 색상이 주는 감정과 의미는 브랜드가 소비자에게 전달하고자 하는 메시지와 긴밀하게 연결된다. 예를 들어, 코카콜라의 빨간색은 단순한 색깔이 아니다. 강렬한 빨간색은 흥분과 열정, 에너지를 상징한다. 이 색은 코카콜라를 마실 때 느끼는 짜릿함과 신선함을 떠올리게 한다. 코카콜라의 빨간색은 어디에서나 동일하게 사용되며, 캔의 디자인부터 포스터, 텔레비전 광고, 심지어 자판기까지 브랜드의 모든 접점에서 반복적으로 등장한다. 그 결과, 사람들은 빨간색을 보는 것만으로도 코카콜라를 떠올린다.

컬러는 단순히 기억에 남는 것을 넘어 소비자가 브랜드에 대해 느끼는 감정과 이미지에 큰 영향을 미친다. 스타벅스의 초록색은 안정감과 지속 가능성을 상징한다. 초록색은 자연과 조화를 이루며,

차분한 감정을 유도한다. 스타벅스는 매장 인테리어부터 로고, 커피 컵까지 초록색을 활용해 친환경적이고 여유로운 브랜드 이미지를 심었다. 소비자들은 초록색 로고를 보는 순간, 스타벅스의 따뜻한 커피 한 잔과 편안한 시간을 떠올린다. 이처럼 컬러는 브랜드와 소비자 사이에 무의식적 연결을 형성하는 다리 역할을 한다.

컬러의 힘은 반복과 일관성으로 극대화된다. 일관된 컬러 사용은 브랜드의 시각적 아이덴티티를 강화하고, 소비자가 브랜드를 기억하는 데 핵심 역할을 한다. 예를 들어, 노란색과 빨간색 조합은 사람들에게 맥도날드를 떠올리게 한다. 노란색은 행복과 즐거움을, 빨간색은 식욕을 자극한다. 이 두 가지 색은 매장에서부터 포장지, 광고판 그리고 디지털 광고까지 모든 마케팅 접점에서 반복적으로 사용된다. 사람들은 맥도날드의 컬러를 보는 것만으로도 배고픔을 느끼고, 그 브랜드와 연결된 즐거운 경험을 떠올린다.

컬러는 또한 특정 상황에서 소비자의 주목을 받고 구매 의사 결정을 촉진하는 데 사용된다. 지하철 광고판에서 눈에 띄는 빨간색 배경은 사람들의 시선을 사로잡는다. 빨간색은 경고와 에너지라는 이중적 의미가 있어 소비자들이 즉각적으로 반응하도록 유도한다. 실제로 연구에 따르면 빨간색은 쇼핑 환경에서 '긴급함'과 '한정된 기회'라는 메시지를 전달하는 데 효과적이다. 반면, 파란색은 신뢰와 안정감을 상징하며, 금융이나 기술 브랜드에서 자주 사용된다. 이런 컬러의 심리적 효과는 무의식적으로 소비자의 감정을 자극하고, 브랜드에 대한 긍정적인 이미지를 심어준다.

브랜드가 컬러를 성공적으로 활용하려면 단순히 강렬한 색상을 선택하는 것만으로는 충분하지 않다. 브랜드의 컬러는 로고, 웹사이트, 매장, 포장지, 심지어 직원 유니폼까지 일관되게 적용되어야 한다. 이 일관성은 브랜드가 소비자에게 신뢰감을 주고, 머릿속에 깊이 각인되도록 돕는다. 색상이 다른 디자인 요소와 조화를 이루며 반복적으로 등장할 때 그 컬러는 단순한 시각적 요소를 넘어 브랜드의 정체성을 상징하게 된다.

컬러는 브랜드와 소비자 간 무언의 대화다. 소비자는 컬러로 브랜드의 가치를 느끼고 자신의 감정과 연결한다. 강렬한 빨간색, 차분한 초록색, 신뢰를 주는 파란색 모두 브랜드가 소비자와 소통하는 언어다. 컬러의 힘은 반복으로 더욱 강력해지고, 그 반복은 결국 무의식을 장악해 브랜드를 소비자의 일상에 깊이 심는다.

셋째, 메시지는 브랜드의 목소리다. 브랜드가 무엇을 말하고 어떻게 말하느냐는 소비자의 마음속에 각인될 메시지의 운명을 결정짓는다. 메시지는 단순히 제품의 장점을 설명하거나 특성을 나열하는 문구가 아니다. 그것은 브랜드의 정체성을 드러내고, 철학을 전달하며, 소비자와 정서적 연결을 형성하는 중요한 매개체다. 브랜드가 사용하는 메시지가 짧고 강렬할수록 그리고 그것이 반복적으로 소비자의 일상에 노출될수록 그 영향력은 커진다.

오트리Oatly는 이 점에서 훌륭한 사례다. "It's Like Milk, But

Made For Humans"라는 슬로건은 단순하지만 강렬하다. "사람이 먹는 우유"라는 이 문구는 단순히 오트리 제품을 소개하는 데 그치지 않고, 그들이 어떤 가치를 지향하는지 명확히 보여준다. 오트리는 동물성 제품에 대한 의존을 줄이고, 환경과 인간을 위한 대안을 제공하겠다는 철학을 담고 있다. 이 메시지는 광고판, 소셜미디어, 패키징, 심지어 제품 상자까지 모든 접점에서 반복적으로 사용된다. 소비자들은 오트리를 접할 때마다 이 문구를 떠올리며, 그 의미를 점점 더 깊게 이해하게 된다.

반복은 단순히 메시지를 기억하게 만드는 것을 넘어 브랜드에 대한 신뢰와 친밀감을 형성한다. 메시지가 지속적으로 반복될 때 소비자는 무의식적으로 그 브랜드와의 연결성을 느끼기 시작한다. 오트리의 슬로건은 단순한 정보 전달이 아니다. 그것은 소비자들에게 "우리는 당신을 이해하고 당신을 위해 만들었습니다"라는 정서적 메시지를 전달한다. 이 과정에서 브랜드는 단순히 제품을 판매하는 존재가 아니라 소비자의 가치를 공유하는 동반자로 자리 잡는다.

그러나 단순히 슬로건을 반복한다고 해서 효과가 극대화되는 것은 아니다. 메시지는 브랜드의 행동과 일치해야만 진정한 신뢰를 형성할 수 있다. 오트리가 지속 가능성과 윤리적 소비를 강조하는 메시지를 반복하는 동시에 실제로 그러한 가치를 실천하는 제품과 캠페인을 꾸준히 제공하기에 소비자들은 그 메시지를 믿는다. 만약 메시지가 브랜드의 실천과 모순된다면, 소비자들은 반감을 느끼고 브랜드를 떠나게 된다.

효과적인 메시지는 짧고 명확해야 한다. 사람들은 복잡한 문구를 기억하지 못한다. 메시지가 단순할수록 무의식에 더 깊이 각인된다. "I'm Lovin' It"이라는 맥도날드의 문구는 그 자체로 브랜드의 본질을 드러낸다. "나는 그것을 좋아해"라는 짧은 문구 안에 담긴 의미와 감정은 반복될수록 더욱 강력해지며, 브랜드와 소비자를 정서적으로 연결하는 다리가 된다.

브랜드의 메시지는 단순히 정보를 전달하는 것이 아니다. 그것은 브랜드와 소비자 사이의 대화다. 반복적 노출은 그 대화를 더 깊고 강렬하게 만든다. 소비자는 메시지에서 브랜드의 가치를 이해하고, 그것이 자신의 가치와 일치한다고 느낄 때 신뢰를 형성한다. 반복적으로 노출된 메시지는 브랜드를 단순한 제품이 아닌 하나의 경험으로 받아들이게 만든다.

결국, 메시지는 브랜드의 얼굴이다. 그리고 그 메시지가 반복될수록 사람들은 브랜드를 더 깊이 기억하고 더 강하게 신뢰하게 된다. 이 반복은 단순한 강요가 아니라 브랜드의 정체성과 실천으로 뒷받침되어야 진정한 효과를 발휘한다. 메시지를 반복하고 행동으로 일치시키는 것이 브랜드를 무의식에 각인하는 가장 확실한 방법이다.

로고, 컬러, 메시지 세 가지는 별개로 작동하지 않으며 함께 일관되게 사용될 때 가장 효과를 발휘한다. 예를 들어, 패키징에서 로고와 컬러를 통일하고, 그 위에 메시지를 얹어 소비자에게 전달한다면 그들은 무의식적으로 브랜드를 더 쉽게 기억한다. 이러한 원리를 이해하고 활용하는 것이 무의식을 장악하는 첫걸음이다.

▼ 핵심 문장

반복되는 로고는 기억에, 일관된 컬러는 감정에, 강렬한 메시지는 영혼에 스며든다. 이 조합이 소비자의 무의식을 장악하는 브랜드의 비밀이다.

반복이 행동을 이끄는 3가지 방식

반복은 행동을 자연스럽게 인지하고 유도하는 방법으로 사람들은
반복적으로 접하는 정보와 메시지 익숙해지고 그 익숙함이 행동을
촉진한다.

익숙함에서 신뢰함

반복은 처음엔 그저 눈에 스쳐 지나가는 정보였던 것을 점점
익숙한 대상으로 바꾼다. 익숙함은 뇌에 안정감을 준다. 낯선 정보
나 새로운 제품은 경계감을 불러일으키지만 자주 보거나 듣는 것
은 무의식적으로 안전하다는 판단을 내리게 한다. 광고에서 특정 브
랜드의 로고나 문구를 반복적으로 접하면 우리는 그것을 신뢰하게

된다. 단지 자주 봤다는 이유만으로도 '이건 믿을 만한 선택일 거야'라는 생각을 하게 되는 것이다.

예를 들어, 초보 부모는 육아용품을 선택할 때 다른 기준보다는 주변에서 가장 많이 추천받은 브랜드를 선택하는 경향이 있다. 반복적으로 노출된 정보는 그들에게 '이건 검증된 선택이야'라는 메시지를 전달한다.

반복이 행동을 자동화함

반복은 단순히 익숙함을 넘어서 행동 자체를 습관으로 만든다. 똑같은 행동을 지속적으로 반복하면, 뇌는 그것을 특별히 의식하지 않아도 실행할 수 있도록 최적화한다. 이로써 행동이 자동화되고 더는 의식적 판단이 필요 없어지는 것이다. 예를 들어, 매일 아침 특정 커피 브랜드의 음료를 주문하는 사람이 처음에는 다양한 옵션을 고민했을지 몰라도 반복된 선택으로 '그냥 내가 마시는 건 이것'이라는 습관이 형성된다.

이 원리는 특히 구독 모델에서 두드러진다. 고객이 구독 서비스를 반복적으로 이용하면서 그 편리함과 안정성에 익숙해지면 더는 다른 선택지를 고민하지 않고 계속 그 서비스를 이용하게 된다.

감정적 유대감을 강화함

반복은 단순히 행동을 유도하는 것에서 끝나지 않는다. 반복적으로 특정 브랜드나 메시지와 상호작용하면 그 대상과 감정적 유대가 형성된다. 이는 단순히 제품을 사용하는 행동에서 '이 브랜드는 나와 잘 맞아'라는 정서적 연결로 발전한다. 예를 들어, 한 광고에서 계속 "당신의 특별한 순간을 함께합니다"라는 메시지를 반복하면, 소비자는 해당 브랜드를 단순히 제품 제공자가 아니라 자신의 중요한 순간을 함께한 파트너로 느끼게 된다.

반복적으로 유대감을 형성하는 과정은 특히 소셜 미디어에서 강력하다. 브랜드가 지속적으로 감동적인 스토리나 고객 후기 영상을 공유할 때, 소비자는 그 브랜드를 단순한 상표가 아니라 자신과 감정적으로 연결된 대상으로 여기게 된다.

반복은 단순한 노출이 아니라 심리적 안정과 신뢰를 구축하며, 행동을 습관화하고 더 나아가 감정적 유대를 형성한다. 당신의 브랜드가 고객의 일상에 스며들고 행동을 설계하려면 반복의 힘을 이해하고 의도적으로 활용해야 한다.

▼ 핵심 문장
반복은 단순히 보여주는 것이 아니라 고객의 선택을 설계하는 힘이다.

- 일주일 동안 본 광고 중 기억에 남는 브랜드 3개 적기

지난 일주일 동안 접한 광고를 떠올려보라. 텔레비전, 유튜브, 소셜미디어, 지하철, 버스정류장 어디든 좋다. 기억에 남는 브랜드를 적어보라.

다음 질문을 스스로에게 던져보라.

- 왜 이 브랜드가 기억에 남았을까?
- 그 광고에서 반복적으로 노출된 요소는 무엇이었을까?
- 로고, 컬러, 슬로건 혹은 특정 이미지가 반복되었나?

이 연습은 반복 노출이 어떻게 우리의 무의식에 각인되는지 이해하는 첫걸음이다. 단순히 기억에 남았다는 이유만으로도 그 광고는 당신의 무의식을 설계한 것이다.

5단계

감정을 조작하라

— 공포와 보상의 이중 전략

두려움은 고객을 움직이게 한다

사람들은 잃는 것을 극도로 두려워한다. 무언가를 얻는 기쁨보다 잃는 고통이 더 크게 다가오는 것이 인간의 본능이다. 두려움은 고객의 무의식을 자극해 즉각적인 행동을 이끌어낸다. "이 기회를 놓치면 손해를 본다"라는 불안은 논리를 마비시키고 본능적으로 움직이게 한다.

이 전략의 가장 대표적 예는 보험업계인데, 보험은 대체로 두려움을 자극한다. 사고나 질병, 예기치 않은 손실에 대한 경고로 고객의 불안을 자극하고, 이를 해결할 방법으로 보험을 제시한다. "혹시라도 큰 병에 걸리면 어쩌나?" "가족에게 부담을 주면 안 되는데." 이런 생각은 사람들을 보험 상품으로 이끈다. 광고는 고객이 미래의 위험을 상상하게 만들고, 그 위험을 피하는 방법으로 상품을 구매하도록 유도한다.

또 다른 예는 보안 제품이다. 비밀번호 관리 프로그램, 방범 카메라, 데이터 백업 서비스 등은 공통적으로 두려움을 마케팅의 중심에 둔다. "당신의 비밀번호가 해킹되면?" "귀중한 데이터를 잃으면?" 이런 질문들은 잠재 고객을 행동으로 이끈다. 불안한 상황을 상상하게 만들고, 그 해결책으로 제품을 제시하는 구조다.

두려움의 힘은 모든 산업에서 다양하게 활용된다. 식품업계에서는 '화학첨가물이 없는'이라는 메시지로 고객이 건강 문제에 불안을 느끼게 한다. 뷰티업계에서는 '노화를 방지한다'는 제품 설명으로 고객이 젊음을 잃는 것에 대한 두려움을 상기시킨다. 두려움은 그 자체로 강력하다. 단, 이 두려움이 행동으로 이어지려면 적절한 해법을 제시해야 한다. 고객은 문제를 느끼는 순간 해결책을 찾고자 한다.

결국 두려움은 고객의 무의식을 움직이는 가장 본능적인 감정이다. 사람들이 잃을까 봐 두려워하는 것은 단순히 물질적인 것만이 아니다. 기회, 신뢰, 안전, 시간까지도 포함된다.

두려움은 분명 효과가 좋다. 하지만 이 감정만으로 고객을 오래 잡아둘 수는 없다. 두려움이 행동을 촉진하려면, 반드시 그에 상응하는 해결책과 보상이 뒤따라야 한다. 고객은 불안감에 휩싸인 채 머무르기를 원하지 않는다. 그들은 문제를 해결하고 안심할 수 있는 길을 찾는다. 이때 마케터는 두려움을 해소할 수 있는 명확한 '출구'를 제시해야 한다.

예를 들어, 보험 광고에서 "사고가 나면 당신의 가족은?"이라는 두려움을 심어준 뒤 이어서 "이 보험이 가족의 미래를 지켜드립니다"라는 해결책을 제시한다. 고객은 두려움에서 안도감으로 넘어가는 흐름 속에서 자연스럽게 행동하게 된다. 문제를 느끼게 만들고, 해결책을 제공하며, 그로써 얻게 될 보상을 명확히 하는 것. 이것이 공포와 보상의 이중 전략이 제대로 작동하는 방식이다.

뷰티업계에서 "노화를 막지 않으면 피부가 탄력을 잃습니다"라는 메시지는 두려움을 불러일으킨다. 하지만 이어서 "우리 제품은 10년 전의 피부로 되돌립니다"라는 보상을 제시하면, 고객은 그 제품을 단순히 화장품이 아니라 잃어버린 젊음을 되찾는 열쇠로 인식한다. 결국 그 제품을 구매하는 행동으로 이어지는 것이다.

이 전략은 특정 제품뿐 아니라 서비스에도 적용할 수 있다. 데이터 백업 서비스는 "파일을 잃어버리면 어떻게 할 건가요?"라는 두려움을 던진다. 하지만 "우리 서비스를 사용하면 모든 데이터를 안전하게 보호할 수 있습니다"라는 명확한 보상을 뒤따라 제시한다. 고객은 잃어버릴 위험 대신 안전하다는 보장에 초점을 맞추며 서비스를 구매한다.

이와 같은 전략은 단순히 고객을 움직이는 데서 그치지 않는다. 올바르게 설계된 두려움과 보상의 조합은 고객에게 "이건 내가 선택한 거야"라는 확신을 심어준다. 스스로 문제를 인식하고 해결책을 찾았다는 감정은 소비자 경험에 긍정적 영향을 미친다. 이는 단순한 판매를 넘어 고객과 신뢰를 형성하는 데도 기여한다.

하지만 한 가지를 명심해야 한다. 두려움을 과도하게 자극하거나 보상이 모호하거나 부족하면 이 전략은 오히려 역효과를 낼 수 있다. 고객은 공포심에 압도당하면 방어적으로 변하고, 마케팅 메시지를 의심하거나 거부할 확률이 높아진다. 또한 제공된 해결책이 설득력이 없거나 충분히 매력적이지 않다면, 고객은 "이건 나를 조종하려는 수작일 뿐이야"라고 느끼며 반발할 것이다.

공포와 보상의 이중 전략은 섬세한 설계가 필요하다. 고객이 느낄 두려움은 적절히 현실적이어야 하고, 그 해결책은 실질적이며 즉각적인 만족감을 줄 수 있어야 한다. 성공적인 전략은 고객이 두려움을 느끼고 이를 해소하는 과정에서 스스로 문제를 해결했다고 믿게 만드는 데 있다.

▼ 핵심 문장
두려움은 행동을 촉발하고 보상은 그 행동을 정당화한다. 문제를 깨닫게 하고 해결책을 제시하라.

공포심리의 힘

사람들은 공포를 마주했을 때 논리를 멈추고 본능적으로 반응한다. 공포는 행동을 유발하는 감정 중 가장 강렬한 힘을 가지고 있다. 이는 생존 본능에 뿌리를 둔 자연스러운 반응이다. 단순히 목숨이 위태로울 때만이 아니라 사회적 위치, 경제적 안정, 미래의 불확실성에 대한 공포도 우리를 움직이게 만든다.

흥미로운 점은 공포가 단순히 행동을 일으키는 자극이 아니라 생각의 흐름을 조작하기도 한다는 것이다. 마케팅에서 공포를 활용한다는 것은 고객의 두려움을 자극하고 이를 해소할 방향을 제시함으로써 행동을 유도하는 것이다. 그러나 단순히 고객을 겁주는 것으로 끝나면 안 된다. 핵심은 고객이 자신도 모르게 행동하도록 만드는 섬세한 설계다.

한번 상상해보자. 새로운 제품을 출시하는 과정에서 '무해성'을 강조한다고 해보자. "우리 제품은 안전합니다"라고 말하는 것보다 "다른 제품들은 당신의 건강을 위협할 수 있습니다"라고 경고하는 쪽이 훨씬 더 강렬한 반응을 불러일으킨다. 고객은 위험을 피하고 싶은 마음에 그 제품을 선택하게 된다. 여기서 중요한 것은 고객이 위험을 느껴 행동하는 동안 그 행동이 자신이 선택한 것이라고 믿게 만든다는 점이다.

공포심리는 때때로 인간의 가장 원초적 불안에서 출발한다. 죽음, 고립, 실패 같은 근본적 두려움은 우리의 모든 선택에 숨어 있다. 그러나 마케팅에서 이를 직접적으로 다룬다면 고객은 오히려 거부감을 느낄 수 있다. 그래서 공포심리를 간접적으로 다루는 전략이 필요하다. 예를 들어, '노화'라는 두려움 대신 "지금 이 제품을 사용하면 젊음을 유지할 수 있습니다"라는 긍정적 메시지를 사용한다. 고객은 노화를 막으려는 행동이 아니라 젊음을 유지하려는 선택이라고 믿게 된다.

공포는 특히 미래의 불확실성을 강조할 때 효과적이다. 사람들이 가장 두려워하는 것은 '확실하지 않은 상황'이다. 예를 들어, "다가오는 경제 위기에 대비하지 않으면 큰 손실을 볼 수 있습니다"라는 금융상품 광고는 고객을 즉각적으로 움직이게 만든다. 여기서 핵심은 불안을 심어주는 동시에 그 불안을 해소할 명확한 해결책을 제시하는 것이다. 해결책 없는 공포는 반발심만 키울 뿐이다.

공포는 마케팅 메시지를 좀 더 감정적으로 만들어준다. 예를 들어, "이 보험은 당신을 돕습니다"라는 메시지보다 "예상치 못한 사고로부터 당신과 가족을 지켜드립니다"라는 문구가 더 강렬하게 다가온다. 고객은 자기 삶에 적용 가능한 구체적인 위험을 떠올리고 그 위험을 피하려고 행동한다.

그러나 과도한 공포는 독이 될 수 있다. 고객이 공포를 현실적으로 느낀다면 행동으로 이어지지만 비현실적인 위협은 오히려 고객의 의심을 살 수 있다. 따라서 공포를 설계할 때는 고객이 그 상황을 자기 삶과 연결 지을 수 있어야 한다. 공포는 설득할 때 사용하는 것이지 강요로 사용해서는 안 된다.

결국, 공포심리를 활용하는 데 가장 중요한 것은 균형이다. 공포를 심어주되 그것을 해소할 방법을 제공하는 것. 그리고 그 흐름이 고객에게 스스로 선택한 것처럼 느껴지도록 설계하는 것이다. 공포는 인간의 본능을 자극하지만 해소와 희망이 뒤따를 때 비로소 행동으로 이어진다.

이 전략은 단순히 마케팅에 국한되지 않는다. 공포를 이해하고 그것을 다루는 법을 알게 되면 우리는 사람들의 마음을 가장 빠르게 움직이는 힘을 얻게 된다.

▼ 핵심 문장
공포를 심어주되 그것을 해소할 방법을 제공하라.

사람들은 왜 긴박한 걸 좋아할까

사람들이 긴박한 상황에 끌리는 것은 단순한 취향이나 심리적 경향의 문제가 아니다. 그건 인간 뇌의 구조 자체가 그렇게 설계되어 있기 때문이다. 우리가 느끼는 긴박감, 즉 '지금 당장 뭔가 해야 한다'는 충동은 생존 본능이라는 깊고 오래된 시스템에서 비롯된다. 이 본능은 우리의 의식적 사고보다 훨씬 빠르게 작동한다. 왜냐하면, 과거에 생존의 순간에 선택을 미루는 것은 곧 죽음을 의미했기 때문이다.

우리의 뇌는 크게 본능을 담당하는 가장 원초적인 파충류 뇌, 감정을 관장하는 변연계 그리고 합리적 사고를 담당하는 신피질 세 영역으로 나뉜다. 긴박감이 작동하는 순간 이 세 영역이 서로 얽히며 우리 행동을 조종한다. 하지만 흥미로운 건, 긴박한 상황에서 이성적 판단을 내리는 신피질은 거의 배제된다는 점이다. 그 대신 우리의 행동은 빠르고 본능적인 파충류 뇌와 감정적인 변연계가 주도하게 된다.

생각해보라. 과거의 인간에게 가장 치명적인 상황은 무엇이었겠는가? 갑작스럽게 덤벼드는 포식자, 다가오는 천재지변 또는 식량이 사라질 위기 같은 것들이다. 이런 상황에서 '한번 생각해볼까?'라는 태도는 곧 죽음을 의미했다. 살아남으려면 즉각적인 행동이 필요했다. 이때 작동하는 뇌의 메커니즘은 빠르고 단순하다. "지금 움직이지 않으면 끝이다." 긴박감에 빠르게 반응할 수 있도록 설계된 우리의 본능은 그때부터 지금까지 이어지고 있다.

현대에 와서 이런 위기 상황은 거의 사라졌지만, 긴박감을 느끼는 메커니즘은 여전히 우리 안에 남아 있다. 더 흥미로운 건 지금은 물리적 위기 대신 심리적 긴박감이 그 자리를 차지하고 있다는 점이다. '세일이 곧 끝난다', '재고 없음'과 같은 메시지는 우리의 뇌를 과거 생존 상황처럼 착각하게 만든다. 우리의 뇌는 여전히 "지금 행동하지 않으면 손해를 본다"라는 신호를 받아들이고 즉각적인 반응을 유도한다. 이 반응은 본능적 뇌와 감정적 뇌가 협력해서 만든 결과다.

특히, 변연계는 긴박감을 느낄 때 불안을 증폭하는 역할을 한다. "놓치면 어떻게 하지?"라는 불안은 단순한 감정이 아니다. 그것은 변연계가 보내는 강렬한 생존 신호다. 이 불안은 기억에도 강하게 남는다. 그래서 한 번 긴박감을 느끼고 행동한 뒤 그 경험이 성공적으로 끝났다면 우리 뇌는 이를 긍정적으로 기억한다. 다시 비슷한 상황이 올 때 뇌는 같은 패턴을 반복하려 한다. 긴박한 상황에서 행동했더니 결과가 좋았다면 다음에도 똑같이 행동하게 되는 것이다.

또 하나 중요한 요소는 희소성과 제한된 시간이다. 인간의 뇌는 자원이 부족하거나 제한된 상황에서 그 자원의 가치를 과대평가하는 경향이 있다. '남은 수량 2개', '오늘까지만' 같은 문구는 우리 뇌를 자극해 이 상황이 매우 중요하다고 믿게 만든다. 우리는 의식적으로는 '그렇게 중요한 건 아닐지도 몰라'라고 생각할 수 있지만, 뇌 깊은 곳에서는 이미 '놓치면 안 된다'는 신호를 받고 있다. 그리고 이런 신호는 우리가 가장 합리적이고 이성적인 순간에도 행동을 촉진한다.

긴박함에 끌리는 또 다른 이유는 경쟁 심리다. "10명이 이 상품을 보고 있습니다" 같은 메시지를 보았을 때 무의식적으로 내가 먼저 행동해야 한다는 압박감을 느낀다. 이는 단순히 광고가 주는 메시지가 아니라 사회적 본능에서 비롯된 것이다. 우리의 뇌는 타인과의 비교 속에서 스스로 위치를 평가하고, 경쟁에서 이기려고 더 빠르게 움직이려 한다. 이런 경쟁 심리는 특히 소셜 미디어 환경에서 강하게 작동한다. 친구가 새로운 물건을 샀다거나 누군가가 이벤트에 먼저 참여했다는 소식을 보면, 우리는 자연스럽게 나도 지금 당장 해야 한다는 충동에 사로잡히게 된다.

흥미로운 건 긴박감이 단순히 행동을 유도하는 데 그치지 않고 감정적 만족감을 강화한다는 점이다. 긴박한 상황에서 빠르게 행동해 원하는 것을 얻었을 때 뇌는 도파민을 분비하며 우리에게 '잘했다'고 보상한다. 이 보상은 기억에 깊이 새겨지고, 다음에 또 비슷한 상황이 생겼을 때 다시 빠르게 반응하도록 만든다. 마치 훈련받은 반응처럼 작동하는 것이다.

하지만 긴박감은 효과가 좋은 만큼 과용하면 피로를 불러일으킬 수 있다. 우리 뇌는 반복적으로 긴박한 상황에 노출되면 처음에는 강하게 반응하지만, 점차 그 자극에 무뎌진다. 특히 긴박함이 신뢰를 잃게 되는 순간 소비자는 이 모든 메시지를 단순한 상술로 받아들이게 된다. "이건 단지 나를 조종하려는 거야"라는 인식이 생기면 긴박감의 효과는 사라지고 만다.

결국, 사람들이 긴박한 상황에 끌리는 이유는 그 자체가 우리의 뇌 구조와 본능에 깊이 뿌리박혀 있기 때문이다. 긴박감은 인간의 생존 도구로 진화해왔고, 오늘날에도 여전히 우리 행동을 강력하게 조종한다. 이를 이해하면 긴박감은 단순한 마케팅 기법을 넘어 인간의 본능과 연결된 설계의 방법으로 활용될 수 있다. 중요한 것은 이걸 어떻게 사용하느냐다. 긴박감으로 사람들을 행동하게 만드는 동시에 그들이 만족스러운 결과를 얻도록 돕는다면 긴박감은 단순한 충동이 아니라 긍정적 경험의 출발점이 될 수 있다.

긴박한 상황에서 행동하게 되는 건 우리의 뇌가 그렇게 설계되었기 때문이다. '지금 아니면 안 된다'는 말은 단순한 마케팅이 아니라 인간 본능의 깊은 뿌리를 건드린다.

지금이 아니어도 살 수 있는데 왜 소비자는 모를까?

그 이유는 간단하면서도 복잡하다. 우리의 뇌 때문이다. 소비자가 '지금이 아니면 안 돼'라는 생각에 휩싸이는 건 단순히 광고 문구에 속아서가 아니다. 그것은 뇌 깊숙한 곳에서 본능적으로 일어나는 반응이다. 우리 모두 가지고 있는 생존 본능이 소비라는 현대적 행동에 그대로 투영된 것이다.

인간의 뇌는 기본적으로 생존을 중심으로 작동한다. 우리의 원시 뇌, 즉 '파충류 뇌'라 불리는 부분은 본능적인 반응을 담당한다. 이 뇌는 수백만 년 전부터 인간의 생존을 책임져왔다. 먹이를 놓치면 굶어 죽고, 적에게서 도망치지 못하면 죽는 환경에서 '즉각적인 행동'은 곧 생존이었다. 현대 사회에서 우리가 '지금이 아니면 안 돼'라는 긴박감을 느끼는 이유는 이 원시 뇌가 여전히 강력하게 작동하기 때문이다.

예를 들어 어떤 소비자가 온라인 쇼핑몰에서 "마지막 한정 수량"이라는 문구를 본다고 하자. 논리적으로는 "다음번에도 비슷한 제품이 나올 거야. 아니면 다른 브랜드를 찾으면 돼"라고 할 것이다. 그러나 이성적인 생각은 그리 오래 지속되지 않는다. 뇌는 즉각적으로 반응한다. "이 기회를 놓치면 손해를 볼지도 몰라." 이는 단순히 사회적 압박 때문이 아니다. 뇌가 과거 생존 상황에서 학습한 패턴을 현대적 소비 환경에 적용하는 것이다.

뇌의 편도체는 이런 반응을 주도한다. 편도체는 위험을 감지하고 즉각적으로 행동하도록 신호를 보낸다. '마지막 기회'라는 문구를 본 소비자는 이성을 넘어 즉각적으로 반응한다. 이건 위험 회피의 본능이다. "놓치면 안 돼!"라는 신호는 우리 몸에 스트레스를 유발하고, 이 스트레스는 소비를 촉진한다. 광고가 이 본능을 이용하는 것은 우연이 아니다. 그들은 우리의 뇌가 이렇게 반응하도록 설계된 환경을 만들고 있다.

여기서 중요한 건 소비자가 이걸 논리적으로 인지하지 못한다는 점이다. 사람들은 대부분 '충동구매'를 하면서도 자신이 충분히 생각했다고 믿는다. 하지만 그 행동은 이미 무의식적으로 결정된 것이다. 뇌의 전두엽, 즉 이성을 담당하는 부분이 편도체의 강렬한 신호를 억제하기 전에 우리는 이미 구매 버튼을 누르고 있다.

왜 '지금이 아니어도 된다'라는 생각이 작동하지 않을까? 그건 우리 뇌가 시간을 어떻게 처리하는지를 보면 알 수 있다. 인간의 뇌는 현재에 무게를 두도록 설계되어 있다. 심리학자들이 말하는 '현재 편향'이 바로 그것이다. 미래에도 기회가 있다는 사실을 뇌는 믿지 않는다. 미래는 불확실하고 현재는 구체적이기 때문이다. 지금 이 순간 행동하지 않으면 기회를 잃을 수 있다는 생각은 뇌의 생존 메커니즘에 깊이 뿌리내린 것이다. 이는 단지 제품을 놓치는 것 이상의 의미가 있다. 우리 뇌는 이를 '생존 위협'으로 처리한다.

또 다른 흥미로운 점은 도파민이다. 도파민은 우리가 어떤 행동을 하기 전에 분비되는 신경전달물질이다. 즉, 행동의 동기를 만들어내는 화학물질이다. '한정 수량'이나 '오늘만 세일' 같은 문구는 도파민 분비를 폭발적으로 증가시킨다. 도파민은 우리가 이 행동을 할 때 얻을 수 있는 보상을 미리 느끼게 만든다. 이 보상이 실제로 중요한지는 관계없다. 뇌는 행동을 유도하려고 도파민을 쏟아낸다. 그러니 소비자가 '지금이 아니어도 살 수 있어'라는 생각을 떠올리기란 어려운 일이다. 이미 뇌는 행동에 필요한 화학적 기반을 준비해둔 상태다.

이 모든 것은 현대의 소비 환경에서 더 강화된다. 과거에는 생존을 위해 즉각적인 행동이 필요했지만 현대에는 그럴 필요가 없다. 그러나 광고와 마케팅은 우리의 원시 뇌를 자극하는 데 최적화되어 있다. 소비자가 마치 사냥감이라도 놓치는 것처럼 느끼게 만든다. '지금 행동하지 않으면 기회를 놓칠 것'이라는 메시지는 우리의 가장 원초적인 불안을 건드린다.

그렇다면 우리는 이 흐름에서 벗어날 수 있을까? 사실 쉽지 않다. 우리의 뇌는 여전히 생존 본능에 따라 작동한다. 그러나 우리가 이 과정을 인지하는 순간, 최소한 일부 선택에서 더 이성적인 결정을 내릴 확률은 높아진다. 지금이 아니어도 된다는 사실을 상기하는 것은 단순한 자기암시가 아니다. 그것은 우리의 원시 뇌가 보내는 강렬한 신호에 맞서 이성을 작동시키는 행동이다.

결론적으로, 소비자가 '지금 아니어도 돼'라고 생각하지 못하는 이유는 그들의 뇌가 그렇게 설계되어 있기 때문이다. 이건 잘못된 것이 아니다. 인간의 본능이다.

▼
핵심 문장
'지금 행동하지 않으면 기회를 놓칠 것'이라는 메시지는 뇌의 편도체와 도파민 시스템을 자극하며, 선택을 본능적인 반응으로 바꾼다.

기대와 보상이 만드는 중독적 소비

집 안을 둘러보면 쓸데없이 쌓여 있는 물건들이 있다. 주방 찬장에는 예쁘지만 거의 쓰지 않는 그릇들, 서랍에는 몇 번 사용하다 만다이어리와 펜들이 자리를 차지하고 있다. 왜 이런 물건들이 생겨났을까? 이유는 단순하다. 기대와 보상의 심리적 고리에 따라 움직였기 때문이다. 기대는 소비하게 만들고 보상은 그 소비를 반복하게 만든다. 이 단순한 구조가 중독적 소비를 낳는다.

기대는 새로운 가능성을 떠올리게 한다. "이 물건을 가지면 삶이 나아질 거야." "이 가방을 들면 사람들이 나를 더 멋지다고 생각하겠지." 이런 기대는 소비를 유도하는 출발점이다. 문제는 이 기대가 현실이 아닐 때도 우리는 그것을 믿고 싶어 한다는 것이다. 기대는 뇌에서 도파민을 자극하며, 아직 이루어지지 않은 보상을 미리 경험하게 한다. 이 환상적인 감정은 이성을 마비시키고 구매를 정당화한다.

하지만 진짜 문제는 보상이다. 소비에서 느끼는 보상은 짧고 강렬하다. 물건을 사고 손에 쥐었을 때 느끼는 뿌듯함, 그 물건이 내 삶을 바꿀 것 같다는 설렘. 그러나 그 감정은 오래가지 않는다. 보상이 사라지면 새로운 기대를 채우려고 다시 소비로 달려간다. 이것이 바로 중독적 소비의 시작이다.

마트에서 "3만 원 이상 구매 시 한정판 접시 증정"이라는 메시지가 대표적이다. 사람들은 접시 하나를 받으려고 불필요한 물건을 추가로 구매한다. 접시를 받고 나면 뿌듯함이 밀려온다. 하지만 몇 주 후 그 접시는 찬장 깊숙이 묻힌다. 다음 주에는 새로운 증정품이 등장하고 사람들은 또다시 그 기대와 보상의 고리에 끌려간다.

여기서 보상은 단순히 할인을 제공하는 것이 아니다. 그것은 고객이 제품을 구매했을 때 얻게 될 감정적·심리적 만족감을 포함해야 한다. 예를 들어, "지금 구매하면 한정판 추가 혜택 제공" 같은 메시지는 고객이 특별한 대접을 받고 있다고 느끼게 한다. 이 특별함이 바로 보상이 된다. 고객은 자신이 평범한 구매자가 아니라 특별한 선택을 했다고 느끼며 만족감을 얻는다.

보상을 단발성으로 끝내지 않는 것도 중요하다. 한 번 구매로 끝나지 않고 지속적인 관계로 이어질 수 있도록 해야 한다. 예를 들어,

제품 구매 후 "고객님만을 위한 추가 혜택을 준비했습니다"라는 메시지를 보내면, 고객은 자신이 브랜드의 특별한 일부라고 느끼게 된다. 이 보상이 반복될수록 고객은 자연스럽게 다음 구매로 이어지는 흐름에 들어선다.

기대와 보상을 정교하게 반복해 고객의 행동을 강화할 수 있다. 한정판 제품, 오늘만 할인, 특별 사은품 제공 같은 전략은 기대와 보상의 강도를 높이는 동시에 고객의 행동을 예측 가능하게 만든다. 이러한 반복은 고객이 브랜드와 연결되어 있다는 느낌을 강화하며, 고객이 다시 돌아오도록 만든다.

가장 중요한 것은 고객이 스스로 선택했다고 믿게 만드는 것이다. 우리는 기대를 자극하고 보상을 제공하지만, 고객은 자신의 선택이라고 느낀다. 기대와 보상의 심리적 고리를 설계하는 우리의 역할은 이 과정을 자연스럽게 만들어주는 것이다. 고객은 제품을 선택하는 순간 그것이 마케터가 설계한 흐름이라는 사실을 의식하지 못한다.

결국 기대와 보상은 단순한 마케팅 전략이 아니다. 고객의 마음을 읽고 그들이 원하는 방향으로 행동하게 만드는 심리적 설계다.

▼ 핵심 문장
기대는 소비를 시작하게 하고 보상은 소비를 반복하게 만든다.

도파민 시스템의 작동 원리

도파민은 뇌를 움직이는 중요한 화학물질이다. 이 작은 신경전달물질이 어떻게 우리의 선택을 좌우하는지 이해하면, 소비가 단순한 물질적 행위가 아니라 심리적 과정이라는 것을 알게 된다. 도파민은 보상과 기대를 연결하는 역할을 한다. 간단히 말해, 우리는 무언가를 손에 쥐기 전에 이미 그것을 손에 넣은 듯한 기쁨을 느끼도록 설계되어 있다.

도파민 시스템 작동은 뇌의 보상 회로를 기반으로 하는데, 이 회로는 특정 행동이 보상과 연결될 때 활성화된다. 도파민은 기대와 보상에 대한 신호를 전달하며 우리를 행동으로 이끄는 원동력 역할을 한다.

도파민 시스템의 주요 작동 과정
• 예측과 기대의 단계

도파민 분비는 보상이 실제로 주어졌을 때보다 보상이 주어질 것이라고 예상되는 순간에 더 강렬하다. 예를 들어, 할인 쿠폰을 받거나 특별한 프로모션 광고를 볼 때 도파민은 '곧 얻을 보상이 있다'는 신호를 뇌에 보낸다. 이 기대감은 우리가 행동(구매 버튼 클릭 등)하도록 강력하게 유도한다.

• **행동과 보상의 연결**

특정 행동이 긍정적 결과(보상)를 가져왔을 때 도파민 시스템은 그 행동을 강화한다. 예를 들어, 제품을 구매한 후 만족감을 느꼈다면 뇌는 '이 행동을 반복하라'고 학습한다. 다음에 비슷한 상황이 오면 뇌는 자동으로 동일한 행동을 촉진한다.

• **보상에 대한 민감도 저하**

도파민 시스템은 반복적으로 자극받으면 민감도가 낮아진다. 초기에는 소소한 보상에도 만족했지만 시간이 지날수록 더 큰 자극과 보상을 요구한다. 이것이 우리가 점점 더 고가의 제품이나 더 강렬한 만족을 추구하는 이유다.

• **불확실성과 기대감의 효과**

도파민 시스템은 확실한 보상보다 불확실한 보상에 더 크게 반응한다. 예를 들어, "매일 랜덤으로 쿠폰을 제공합니다" 같은 메시지는 불확실성을 자극해 기대감을 높이고 도파민을 더 강하게 분비시킨다. 이는 사람들이 복권이나 도박에 빠지는 이유와도 연결된다.

• **중독적 사이클의 형성**

도파민 시스템은 반복적으로 보상을 경험하면 이를 기대하는 행동을 지속적으로 강화한다. 예를 들어, 매일 새로운 할인 정보나 한정판 알림을 받으면, 우리는 자연스럽게 그 정보를 확인하고 행동(구매)하게 된다. 이 사이클은 도파민이 보상과 행동을 끊임없이 연결하므로 끊기가 어렵다.

이 과정은 마케팅에서 아주 잘 활용된다. 마켓컬리의 "지금 주문하면 내일 아침 집 앞에"라는 메시지를 떠올려보자. 이 문구는 단순히 배송 속도를 말하는 게 아니다. 이는 도파민 시스템을 자극하는 촉매제다. 나는 이 서비스를 직접 이용할 수 없는 지역에 살고 있음에도 광고를 볼 때마다 '곧 손에 넣을 수 있다'는 기대감에 기분이 들뜨곤 한다. 빠른 배송과 즉각적 보상은 도파민이 기대와 보상을 더 강하게 연결하도록 만든다.

• 도파민과 소비의 심리적 메커니즘

도파민의 흥미로운 특징 중 하나는 실제로 보상받을 때보다 보상을 예상하는 순간에 더 많이 분비된다는 점이다. 예를 들어, "24시간 특가 세일!" 같은 광고를 보면 아직 물건을 구매하지 않았는데도 이미 만족감을 일부 느낀다. 이 순간 도파민은 '행동하라'는 신호를 뇌에 보내고, 소비자는 구매 버튼을 클릭한다.

문제는 이 과정이 반복되면서 더 강한 자극을 요구하게 된다는 것이다. 처음에는 단순한 할인 쿠폰이나 무료 배송이 만족을 주었지만 시간이 지날수록 더 큰 할인, 더 빠른 배송, 더 많은 보상을 기대하게 된다. 이는 마치 게임 레벨이 올라갈수록 더 높은 난도를 요구하는 것과 같다. 소비자들은 점점 더 높은 보상을 기대하며, 더 많은 소비를 반복하는 사이클에 빠지게 된다.

- **불확실성과 도파민**

도파민 시스템은 특히 불확실성에 강하게 반응한다. 마켓컬리에서 '랜덤으로 제공되는 쿠폰'이나 '매일 달라지는 특가 상품' 같은 이벤트는 소비자의 도파민 시스템을 극도로 자극한다. 왜냐하면, 예상치 못한 보상이 도파민 분비를 극대화하기 때문이다. 이런 심리는 복권이나 도박에서 작동하는 원리와 동일하다. "내가 이번엔 좋은 쿠폰을 받을지도 몰라"라는 기대감은 소비자를 지속적으로 앱을 열게 만들고, 이는 결국 구매 행동으로 이어진다.

- **빠른 보상이 만드는 중독적 사이클**

빠른 보상은 소비자의 행동을 유도하고 반복시키는 방법 중 하나다. 우리가 설계자로서 이해해야 할 핵심은 고객의 기대와 행동 사이의 간격을 최소화할수록 소비는 중독적 사이클로 이어진다는 점이다. 새벽배송이 그 대표적 예다. "지금 주문하면 내일 아침에 받을 수 있습니다"라는 메시지는 기다림을 최소화하며 소비자가 기대감을 즉각적으로 충족하도록 설계된다. 고객은 더 이상 물건을 구매하는 데서 멈추지 않는다. 그들은 기다림 없이 빠르게 보상받을 수 있다는 감각에 매료된다.

이 메커니즘은 단순히 쇼핑에만 국한되지 않는다. 도파민 시스템은 우리가 행동을 설계할 때 이해해야 할 중요한 심리적 원리다. 도파민은 기대감에서 보상으로 이어지는 과정을 강화하며, 그 사이클이 짧아질수록 행동의 반복성이 높아진다. 즉, 고객이 물건을 구매하고 빠르게 보상받을수록 다시 구매할 가능성은 급격히 증가한다. 우리의 역할은 이 도파민의 흐름을 설계하고 고객이 다시 그 사이클에 들어오도록 환경을 만드는 것이다.

예를 들어, 한정판 프로모션이나 시간제한 할인은 고객의 즉각적 행동을 유도하는 데 효과적이다. "3시간 안에 구매 시 추가 할인 혜택 제공" 같은 메시지는 기대와 보상의 간격을 최소화하며, 고객을 행동으로 이끈다. 이는 단지 제품을 판매하는 데 그치지 않고, 고객의 뇌에 반복적인 소비 패턴을 각인한다.

도파민의 힘을 이해하면 우리는 더 큰 그림을 설계할 수 있다. 단순히 한 번 구매를 유도하는 것이 아니라 지속적으로 브랜드와 연결되도록 하는 것이다. 예를 들어, 첫 구매 후 "다음 구매 시 추가 포인트 적립"과 같은 보상을 설계하면, 고객은 또 다른 기대와 보상을 추구하며 반복적인 소비 사이클에 들어간다. 이 과정에서 중요한 것은 고객이 보상받는 순간 자신이 특별한 선택을 했다고 느끼게 만드는 것이다.

그러나 도파민 사이클이 긍정적 결과만 가져오지는 않는다. 보상이 너무 단순하거나 반복적이면 고객은 더 큰 자극을 요구하게 된다. 이를 방지하려면 보상을 차별화하고, 기대감을 지속적으로 새롭게 자극해야 한다. 예를 들어, "다음 달에는 VIP 고객을 위한 특별 이벤트가 준비되어 있습니다"라는 메시지로 고객이 다음 보상을 기다리게 만드는 것이다. 이렇게 하면 고객은 단순히 제품을 사는 것이 아니라 브랜드와 관계를 유지하고 싶어 한다.

결국, 도파민의 흐름을 설계하는 것은 단순히 제품 판매를 넘어 고객 경험을 총체적으로 설계하는 일이다. 빠른 보상은 강력하다. 하지만 그 힘을 장기적으로 유지하려면, 고객이 느낄 기대감과 보상의 질을 끊임없이 관리하고 개선해야 한다. 우리는 고객이 단지 소비자가 아니라 브랜드와 관계를 맺어 더 나은 경험을 얻는 파트너로 느끼도록 만들어야 한다.

이 모든 과정에서 중요한 것은 하나다. 고객이 느끼는 빠른 보상은 우리 설계로 이루어진 것이다. 고객이 행동한다고 믿는 순간조차 이미 그 행동을 예측하고 그들의 무의식을 움직인다.

▼ 핵심 문장
도파민은 당신이 얻기 전에 이미 얻은 것처럼 느끼게 만든다. 그러나 그 기대와 보상이 반복될수록 더 큰 자극을 요구하며, 결국 소비는 중독적 사이클로 변한다. 진짜 질문은 이것이다. 지금 이 선택이 필요해서 하는 것인가, 아니면 도파민의 신호일 뿐인가?

공포와 보상의 완벽한 조화

사람은 두려움을 느낄 때 행동한다. 그리고 그 행동이 보상으로 이어질 때 행동은 반복된다. 공포와 보상 이 두 감정이 결합되면 소비자는 자신의 선택에 만족하며 브랜드와 더 강하게 연결된다.

공포는 행동의 방아쇠다

사람은 위험을 느끼면 즉각 반응한다. 건강을 잃을까 봐, 기회를 놓칠까 봐, 지금 움직이지 않으면 뭔가를 잃을까 봐. 이 본능적 두려움이 바로 소비자의 발을 움직이게 만드는 첫 번째 감정이다. 하지만 이 공포는 거창할 필요가 없다. 작은 불안만으로도 충분하다.

건강보조제 광고를 떠올려보자. "혹시 요즘 자주 피곤하지 않아?" 단순한 질문 하나로 공포는 시작된다. 소비자는 이 문구를 보는 순간 자기 상태를 점검한다. 그리고 그 뒤를 따라오는 메시지, "방치하면 건강이 더 나빠질 수 있어"가 경고음처럼 울린다. 이 공포는 단순히 두려움을 자극하는 게 아니다. 자신이 위험 속에 있다는 인식을 심어주는 데 초점이 맞춰져 있다.

보상은 심리적 안전망이다

공포로 행동을 시작하게 만들었다면 이제는 보상이 필요하다. 행동을 지속시키고, 선택을 정당화하고, 만족감을 주는 건 바로 이 단계다. 보상이 없다면 공포는 그저 불편함으로 끝나버린다. 보상이 추가될 때 비로소 소비자는 '잘한 선택이었어'라고 스스로 설득한다.

건강보조제 광고라면 이렇게 이어진다. "이 제품 하나면 에너지 넘치는 하루를 만들 수 있어." 사람은 본능적으로 해답을 원한다. 두려움을 없앨 수 있는 손쉬운 방법을 찾는다. 여기에 "90% 이상의 사람이 피로가 개선되었다고 응답했다"라는 데이터가 추가되면 효과는 배가된다. 이 단계에서 소비자는 불안을 해소했다는 안도감과 자신의 선택에 대한 만족감을 동시에 느낀다.

공포와 보상의 조합이 만드는 힘

공포와 보상이 제대로 연결되면 단순한 소비를 넘어 브랜드와 사람 사이에 감정적 유대가 형성된다. 예를 들어, 부모를 대상으로 한 유아용품 광고를 보자. "아이 피부는 생각보다 훨씬 민감하다"라는 문구는 부모에게 즉각적인 불안을 느끼게 한다. 그러나 바로 이어지는 "천연 성분으로 만든 이 제품은 아이 피부를 완벽히 보호한다"라는 메시지는 해결책을 제공한다. 이제 이 브랜드는 단순히 물건을 파는 회사가 아니다. 아이를 지키는 든든한 동반자가 된다.

공포와 보상을 결합하면 소비자는 스스로 선택했다고 믿는다. 두려움을 없애고 보상으로 만족감을 채운 뒤에는 그 브랜드를 향한 신뢰까지 얻게 된다. 이런 흐름이 설계되었을 때 고객은 단순히 물건을 산 것이 아니라 '자신의 문제를 해결했다'고 믿게 된다.

공포와 보상이 적절히 조화된 마케팅은 고객에게 '나는 좋은 결정을 내렸다'는 만족감을 준다. 고객은 자신이 선택한 이유를 스스로 설득하며, 브랜드에 긍정적인 감정을 갖게 된다. 이는 단순한 거래를 넘어 브랜드와 고객 간의 관계를 더 깊게 만든다.

일상에서 공포와 보상의 조화가 어떻게 작동하는지 다시 살펴보자. 저녁 시간이 다가오고 있는데 매일 보는 배달 앱에서 "지금 주문하지 않으면 예상 배달 시간이 더 길어질 수 있습니다"라는 메시지가 뜬다. 배고픔이라는 기본적 불안이 여기에 덧붙는다. '늦으면 어떡하지?'라는 생각이 머리를 스친다. 이게 바로 공포다. 움직이지 않으면 손해를 볼 수 있다는 경고가 행동을 유도한다.

하지만 여기서 끝나지 않는다. 보상이 기다리고 있다. "지금 주문하면 무료 사이드 메뉴 제공!" 이 문구는 두려움을 안고 있던 당신을 기분 좋게 만든다. 단지 배달을 시킨 것이 아니라 추가 보상을 얻었다는 만족감이 든다. 그래서 이렇게 말한다. "이 선택은 내 판단이었어. 좋은 결정을 했어." 결과적으로 공포와 보상이 완벽히 조화를 이루며 당신을 움직인 것이다.

공포는 사람을 움직이는 원초적 감정이다. 그리고 보상은 그 움직임을 지속시키는 감정이다. 이 두 가지가 결합될 때 소비자는 단순히 물건을 사거나 서비스를 이용하는 것이 아니라 자신의 결정을 스스로 정당화하고 브랜드와 감정적 유대를 형성한다.

브랜드는 더 이상 단순히 상품을 팔려는 것이 아니다. 고객이 두려움에서 벗어나 안도감을 느끼는 과정을 함께한 '해결책 제공자'가 된다. 다음번에 이런 광고를 본다면 한번 생각해보라. 당신 행동을 움직인 건 공포인가, 아니면 보상인가? 어쩌면 둘 다였을 것이다.

이와 같은 일상적 예시들은 공포와 보상의 조화로 어떻게 고객이 행동하도록 설계되는지를 보여준다. 중요한 점은 공포가 행동을 유도하고 보상이 만족을 주어 관계를 강화한다는 것이다. 이 전략을 제대로 활용한다면 고객은 단순히 물건을 사는 데서 끝나지 않고 브랜드의 열렬한 팬이 될 것이다.

▼핵심 문장
공포는 사람을 움직이고 보상은 그 행동을 정당화한다. 두려움을 해결하고 만족을 제공하는 순간 소비자는 브랜드를 자신의 문제를 해결해주는 동반자로 여기게 된다.

고객이 설레게 만드는 마케팅

고객을 설레게 만드는 마케팅은 단순히 제품을 소개하는 것을 넘어 고객의 감정을 깊이 자극하고 기대감을 증폭하는 기술이다. 설렘은 단순한 흥미를 넘어 구매 행동을 유도하는 동력이 된다. 사람들은 자신을 특별한 존재로 느끼게 하는 경험에 끌린다. 이 감정의 열쇠를 잡고 있는 것이 바로 설레는 마케팅이다.

고객을 설레게 만들려면 단순히 제품을 파는 것을 넘어 그 제품이 고객의 삶에 어떤 특별함을 줄 수 있는지 상상하게 해야 한다. 설렘은 "지금 이걸 사야 해"라는 즉각적인 욕구를 넘어 "이걸 가지면 내 삶이 달라질 거야"라는 기대감을 자극해 움직이게 한다.

예전에 한 친구가 이런 말을 한 적이 있다. "나는 새로운 아이폰이 나올 때마다 이유 없이 설레." 그래서 물었다. "그게 그렇게 대단해?" 친구는 대답 대신 한 번도 써본 적 없는 기능들을 열거하며 기대감을 드러냈다. 그 친구가 설레는 건 아이폰이 가져다줄 실제 기능 때문이 아니라 그 제품을 손에 넣었을 때 자신이 느낄 특별한 감정 때문이었다. 이것이 바로 설레는 마케팅이 작동하는 방식이다.

사람들은 자신이 특별한 존재라고 느낄 때 설레게 된다. 어떤 제품이 단순히 물건이 아니라 나를 더 나은 사람으로 만들어줄 것 같은 느낌을 줄 때 설렘은 배가된다. 예를 들어, 패션 브랜드에서 '당신만을 위한 맞춤 스타일'이라는 메시지를 본다면 어떨까? 사람들은 단순히 옷 한 벌이 아니라 자신을 돋보이게 할 경험을 구매한다고 느낀다. '다른 사람이 아닌 나에게 맞춘 무언가'라는 특별함이 고객 마음을 건드린다.

설렘을 자극하려면 이야기가 필요하다. 단순히 "이 제품 정말 좋습니다"라는 말로는 부족하다. 고객이 그 제품을 사용하는 순간을 상상하게 만들어야 한다. 여행 광고라면 "하얀 모래 위에서 따스한 햇살을 느끼며, 시원한 칵테일 한잔을 마시는 순간을 떠올려보세요" 같은 메시지가 효과적이다. 이런 이야기는 고객을 현실에서 벗어나 꿈꾸게 만들고 그 꿈을 실현하고 싶어 제품을 사게 한다.

설렘은 예고와 기다림에서 커진다. 한정판 신발 출시를 앞두고 "D-5, 곧 공개됩니다"라는 메시지가 나왔다고 해보자. 고객은 단순히 신발을 사는 것이 아니라 '기다리는 동안' 스스로 그 신발을 가질 이유를 만들어간다. 기다림은 기대감을 증폭하고, 제품을 더 가치 있게 보이도록 만든다.

작은 서프라이즈도 설렘을 키우는 좋은 방법이다. 내가 주문한 책과 함께 깜짝 메시지가 동봉되어 온 적이 있었다. "독서를 사랑하는 당신을 위한 작은 선물입니다." 그 책은 단순한 물건이 아니라 나만을 위한 특별한 경험처럼 느껴졌다. 고객은 예상치 못한 감정적 터치를 받을 때 브랜드에 더 깊이 연결된다.

결국 설렘은 단순한 구매를 넘어 고객 마음속에 자리 잡는다. 제품을 손에 넣는 순간만이 아니라 그 전후로 이어지는 모든 과정에서 감정적 연결을 만들어내는 것이 중요하다. 고객이 "이걸 사길 정말 잘했어"라고 스스로 느끼게 만든다면 그 설렘은 브랜드의 가장 큰 자산이 될 것이다.

그러니 고객에게 단순히 물건을 팔 생각을 하지 마라. 그들에게 꿈꾸게 하고, 상상하게 하고, 그 상상을 현실로 만들 수 있다고 믿게 만들어라.

설렘을 만드는 마케팅은 단순한 정보 전달이 아니다. 고객의 감정을 자극하고, 그들이 특별하다고 느끼게 하며, 제품에 대한 기대감을 심어주는 것이다. 이런 설렘이 구매 행동으로 이어지고, 브랜드에 대한 긍정적 기억으로 남는다. 설렘은 고객과의 정서적 연결을 강화하고 장기적인 충성도를 높이는 가장 좋은 방법이다. 지금 제품을 판매하고 있다면 생각해보라. 고객에게 설렘을 주고 있는가?

▼ 핵심 문장
설렘은 단순히 제품을 파는 것이 아니라 고객에게 특별한 경험과 기대를 심어주는 것이다. 고객이 자신만을 위한 특별함을 느끼고 그 설렘이 구매로 이어질 때 브랜드는 단순한 선택이 아닌 감정적 동반자로 자리 잡는다.

실전 미션

- 한정 상품 세일 사례 분석하기

미션의 목표

일상에서 쉽게 접할 수 있는 한정 세일 사례를 찾아보고, 그 경험을 바탕으로 한정 세일이 어떻게 우리의 선택을 이끄는지 파악하는 것이다. 이 과정에서 고객의 행동을 설계하는 기본 원리를 체감하고 실전에 적용할 수 있는 방법을 배우게 된다.

실전 예시

1. 동네 마트의 타임 세일

- **어떤 세일인가?**

"오늘 오후 3시부터 15분간! 소고기 30% 할인!"

- **당신이 해야 할 일**

동네 마트에 들러 타임 세일에 참여한다. 세일 시작 전후로 사람들이 어떤 행동을 하는지 관찰한다. 줄을 서서 기다리는 사람, 바구니에 다른 물건을 추가로 담는 사람, 세일 상품을 두고 고민하는 사람들의 모습을 주의 깊게 살펴본다.

- **분석 포인트**

세일로 발생하는 긴박감이 사람들에게 어떤 영향을 미쳤는지 적어본다.

"왜 이렇게 빨리 결정해야 했는가?"를 자신에게 물어본다.

2. 온라인 쇼핑몰의 플래시 세일

- **어떤 세일인가?**

"지금부터 2시간 동안만 50% 할인!"이라는 메시지를 본 경험

- **당신이 해야 할 일**

자주 사용하는 쇼핑 앱이나 웹사이트에서 플래시 세일 이벤트를 찾아 세일 항목을 클릭해보며 제품의 상태, 설명, 구매 후기 등을 확인한다. 구매하지 않더라도 "왜 내가 이 세일에 끌렸는가?"를 기록한다.

- **분석 포인트**

세일 메시지가 긴박감, 손실 회피 심리, 기대감 등 어떤 감정을 자극했는지 적어본다.

3. 프랜차이즈 카페의 한정 메뉴

- **어떤 세일인가?**

"한 달간만 판매! 겨울 한정 메뉴인 펌킨 스파이스 라테."

- **당신이 해야 할 일**

프랜차이즈 카페에 방문해 한정 메뉴를 구입하거나 카운터에서 사람들이 이 메뉴를 선택하는 빈도를 관찰한다. 카페 메뉴판에 한정 메뉴가 어떤 방식으로 강조되어 있는지 확인한다.

- **분석 포인트**

사람들이 한정 메뉴를 선택할 때 그 메뉴가 주는 특별함과 한정된 시간이라는 메시지가 어떤 영향을 미쳤는지 분석한다.

미션 기록 방법

- **어떤 세일 사례를 관찰했는가?**

날짜와 장소, 어떤 한정 세일이었는지 간략히 기록한다.

- **당신의 반응은 어땠는가?**

세일에 끌렸다면 당신이 느낀 감정(긴박감, 설렘, 소유욕 등)을 적어본다. 구매하지 않았다면, 왜 그랬는지도 기록한다.

다른 사람들은 어떻게 반응했는가?

세일이 진행되는 동안 사람들의 행동을 관찰하고, 그들이 어떤 결정을 내렸는지 적는다.

- **미션 응용 방법**

이 미션에서 얻은 경험을 바탕으로 당신의 사업이나 프로젝트에서 한정 세일 전략을 설계해본다.

"내 고객은 어떤 상황에서 비슷한 감정을 느낄까?"를 상상하며 이벤트를 기획해본다.

▼ Tip

이 미션을 수행하면서 기록한 내용을 토대로 다음에는 한정 세일을 설계해 직접 실험해보는 것도 추천한다. '지금 아니면 끝'이라는 메시지가 고객의 심리를 어떻게 움직이는지 직접 느껴볼 기회가 될 것이다.

호기심 해킹

— 열린 결말의 유혹

궁금증이 행동을 자극하는 이유

궁금증은 단순한 흥미를 넘어 행동의 동력이 된다. 우리는 본능적으로 미완성된 것을 완성하려 하고, 답을 찾으려는 욕구에 사로잡힌다. 이것은 심리학에서 '지각적 완결성의 법칙'으로 설명된다. 즉, 우리가 퍼즐을 보며 마지막 한 조각을 찾지 않고는 견딜 수 없는 것처럼, 정보를 일부러 미완성 상태로 남겨두면 사람은 행동하지 않고는 견딜 수 없게 된다.

한 번은 카페에 앉아 휴대전화로 뉴스를 검색하다가 눈에 띄는 제목을 보았다. "한 달 만에 매출을 2배로 늘린 비결은?" 이 제목은 단순히 정보를 제공하는 것이 아니었다. 비결이 무엇인지 궁금해진 나는 클릭을 하지 않을 수 없었다. 하지만 기사를 읽어보니 끝까지 구체적인 방법은 나오지 않았다. 그 대신 "이 비결이 궁금하면 지금 전문가와 상담하세요"라는 링크가 있었다. 이게 바로 궁금증이 행동을 자극하는 방식이다.

사람들은 미완성된 정보가 남겨질 때 심리적 불편함을 느낀다. 이 불편함은 정보를 채우고자 하는 충동으로 이어지고 결국 행동을 유도한다. 궁금증을 활용한 콘텐츠는 항상 "이다음엔 무엇이 나올까?"라는 질문을 남긴다. 넷플릭스의 드라마가 화마다 열린 결말로 끝내는 이유도 여기에 있다. 고객이 끝을 보지 않고는 견딜 수 없게 만드는 전략이다.

이 원리는 광고에서도 활용된다. 예를 들어, 요즘 인스타그램을 보면 궁금증을 자극하는 마케팅 전략이 넘쳐난다. 이런 글을 본 적 있을 것이다. "이 가방, 요즘 난리 난 브랜드! 어디 건지 궁금하면 댓글 확인!" 또는 "이 레스토랑, 사람들 줄 선 이유? 캡션을 확인하세요!" 이 메시지들은 단순히 정보를 알려주는 게 아니다. 고객의 궁금증을 의도적으로 자극해 그들이 댓글이나 캡션을 클릭하도록 유도한다.

이 방식은 고객이 스스로 정보를 찾는 과정에서 몰입하게 만든다. 사람들은 댓글을 스크롤하면서 해당 제품이나 브랜드를 더 오래 바라보게 되고, 결국 제품에 대한 호기심이 깊어진다. 단순히 "이 가방은 XX 브랜드입니다"라고 말하는 것보다 훨씬 강력하다.

그 이유는 간단하다. 우리가 직접 행동으로 답을 찾았을 때 느끼는 만족감 때문이다. '댓글에서 확인했다'는 행동 자체가 정보와 브랜드를 더 깊이 각인한다. 이런 심리를 활용해 많은 브랜드가 단순 정보 전달이 아니라 '찾게 만드는 마케팅'을 선택하고 있다.

이건 단지 소셜 미디어에 국한되지 않는다. 일상에서도 이런 전략은 자주 활용된다. "자세한 내용은 매장에서 확인하세요" 같은 문구도 마찬가지다. 고객은 정보를 확인하러 매장을 방문하고, 그 과정에서 추가 구매를 고려하게 된다.

결국, 핵심은 간단하다. 답을 직접 주지 말고 고객이 스스로 찾게 만들어라. 그 과정에서 그들은 브랜드와 더 오래 연결되고 행동으로 이어질 개연성이 높아진다.

궁금증은 가장 빠르게 우리 뇌를 자극한다. 도파민이라는 보상 물질이 궁금증을 느끼는 순간부터 분비되며 답을 찾는 여정이 곧 보상이 된다. 이는 단순한 행동을 넘어 고객이 반복적으로 브랜드와 상호작용하도록 만든다. 예를 들어, "7일 무료 체험 후, 당신의 라이프스타일이 어떻게 바뀌는지 확인하세요" 같은 문구는 체험을 통한 보상과 호기심을 결합한 사례다.

궁금증을 자극하려면 단순히 정보를 제공하는 것이 아니라 고객이 직접 채우고 싶어 하는 빈칸을 남겨야 한다. "왜?" "어떻게?"라는 질문을 스스로 던지게 만드는 것이 중요하다. 이렇게 자극된 궁금증은 단순한 생각에서 그치지 않고 행동으로 이어진다.

고객이 당신의 콘텐츠를 본 후 스스로 묻도록 만들어라. "그래서 다음엔 뭐지?" 이 질문이 바로 그들의 손을 움직이게 할 것이다.

▼
핵심 문장
궁금증은 고객의 행동을 유도한다. 답을 알려주는 대신 빈칸을 남겨라.

미완성 정보의 심리학

미완성 정보는 사람의 마음을 흔드는 방법 중 하나다. 우리가 드라마의 마지막 회를 보고 나면 열린 결말이 신경 쓰이는 이유도 여기에 있다. 이야기가 끝나지 않았다는 감각은 우리의 무의식을 사로잡는다. "다음은 어떻게 되는 거지?"라는 궁금증은 그냥 지나칠 수 없는 끈적한 심리적 자극이 된다. 이 원리는 단순한 오락을 넘어 마케팅과 소비의 영역에서도 효과적으로 작동한다.

사람들은 본능적으로 불완전한 것을 완성하고 싶어 한다. 예를 들어, "OO 제품, 사용 후기가…"라는 문구를 본다면, 자연스럽게 궁금증이 생긴다. "후기가 좋았다는 거야, 나빴다는 거야?"라는 생각에 이어 그 답을 확인하고 싶어진다. 이는 우리가 심리적으로 미완성된 정보를 불편해하기 때문이다. 무의식적으로라도 그 공백을 채우고 싶어 한다.

이 원리를 가장 잘 활용하는 사례가 퀴즈형 광고다. "이 사진 속 제품, 정답을 맞혀 보세요!"라는 식의 접근은 단순한 광고보다 더 많은 참여를 이끌어낸다. 소비자는 정답을 확인하려 클릭하고, 그 과정에서 브랜드를 더 깊게 경험한다. 이러한 형식은 정보 자체보다 정보를 찾아가는 과정을 강조한다는 점에서 효과적이다.

마케팅에서도 미완성 정보는 구매 행동을 유도한다. "지금 가입하면 특별한 혜택을 드립니다." 이 메시지는 혜택이 무엇인지 구체적으로 알려주지 않는다. 하지만 고객은 "특별한 혜택이 뭘까?"라는 생각에 사로잡힌다. 이 순간 고객은 이미 해당 브랜드와 제품을 생각하고 있다. 그리고 그 궁금증을 해소하려고 행동하게 된다.

또 다른 예는 쇼핑몰의 리뷰 시스템이다. 리뷰가 많지만 대부분이 짧고 추상적일 때가 있다. "오호! 대박" 같은 리뷰는 구체적 정보를 주지 않는다. 하지만 그 모호함이 오히려 구매 의욕을 자극하는 경우가 많다. "좋다고 하는데, 내가 직접 써봐야 알겠어"라는 생각이 행동으로 이어지는 경우다.

결국, 미완성 정보의 심리학은 고객을 수동적 관찰자가 아닌 적극적 탐구자로 만든다. 완벽하게 다가가는 정보는 때로 행동을 멈추게 한다. 반면, 약간의 공백과 모호함은 고객이 스스로 참여하고 행동하도록 유도한다. "뭘까?"라는 질문을 던지게 만들고, 그 답을 찾으려는 욕구를 자극하는 것. 이것이 미완성 정보의 심리적 힘이다.

▼ 핵심 문장
완벽한 정보는 행동을 멈추게 하지만, 미완성 정보인 '뭘까?'는 호기심을 자극해 고객을 움직인다.

소비자는 미끼인 줄 알면서 왜 물게 될까

미끼인 걸 알면서도 왜 물게 될까? 사람을 물고기, 광고와 마케팅을 미끼에 비유해 알아본다. 물고기는 미끼를 보면 위험하다는 걸 본능적으로 알 수도 있다. 그러나 미끼의 모양, 움직임, 냄새가 너무나 매력적이라면 결국 입질하게 된다. 사람도 마찬가지다. 미끼라는 걸 알면서도 그 유혹은 쉽게 뿌리치기 힘들다. 미끼가 사람에게 작동하는 방식은 물고기가 낚이는 과정과 놀랍도록 닮았다.

미끼가 작동하는 첫 번째 이유는 기회라는 환상 때문이다. 물고기에게 미끼는 다른 먹잇감과 다를 바 없어 보인다. 다만 조금 더 크고 맛있어 보이며, 쉽게 잡을 수 있을 것 같다. 사람도 미끼 메시지를 접하면 비슷하게 반응한다. "한정 수량", "지금 클릭 시 특별 할인" 같은 문구는 특별한 기회를 잡을 수 있다는 환상을 준다. 사실, 소비자는 미끼임을 알지만 "혹시 이 기회를 놓치면 어쩌지?"라는 생각이 더 강력하게 작동해 위험보다 보상의 가능성을 선택하게 된다.

물고기가 미끼를 물게 되는 두 번째 이유는 움직임이다. 낚시 미끼는 생동감 있게 움직여서 물고기가 "이건 진짜 먹잇감이야!"라고 믿도록 만든다. 광고와 마케팅도 이 원리를 정확히 활용한다. 정적인 메시지보다 동적인 영상, 실시간으로 보이는 알림, "지금 100명이 이 상품을 보고 있습니다" 같은 문구는 마치 물고기가 살아 있는 먹잇감의 움직임을 쫓듯이 우리의 시선을 끌고 클릭하도록 유도한다. 움직임은 생존 본능을 자극한다. 물고기는 멈춰 있는 미끼보다 움직이는 미끼에 반응하는 법이다. 사람 역시 이런 역동성을 보면서 그 미끼가 특별하고 진짜라는 환상을 품는다.

냄새와 자극도 물고기를 미끼로 끌어들이는 중요한 요소다. 특정 물고기가 좋아하는 냄새를 첨가한 미끼는 그들의 본능을 강하게 자극한다. 마찬가지로 광고에서 사용하는 자극적 이미지, 감각적 카피는 감정을 자극한다. 예를 들어, 미끼 광고가 "지금 놓치면 후회할지도 모릅니다"라는 메시지를 담았다면, 이는 사람의 심리적 불안감을 자극하는 냄새 같은 역할을 한다. 이런 자극은 상상력을 더하고 "이 미끼를 놓치면 안 된다"라는 확신을 심어준다.

위험을 감수하게 만드는 심리도 흥미롭다. 물고기가 미끼 주변을 맴돌며 "혹시 잘못되면 어떡하지?"라는 본능적 경계를 느끼는 것처럼, 사람도 미끼 메시지를 볼 때 의심을 품는다. 하지만 그 의심은 보상에 대한 기대에 눌린다. 특히, 미끼가 주는 보상이 즉각적이고 강렬할수록 위험은 사소한 문제로 여겨진다. "이 상품은 지금 구매하면 절반 가격!" 같은 문구는 위험보다 얻을 수 있는 이익에 초점을 맞추게 한다. 우리는 위험을 감수할 만큼 큰 보상이 눈앞에 있다면 그것이 미끼라는 사실을 알면서도 행동하게 된다.

그렇다면 물고기가 낚이는 이유 중 또 하나는 뭘까? 바로 '다른 물고기'의 존재다. 물고기들은 다른 물고기가 미끼 주변에 몰려드는 모습을 보면 자신도 안전하다고 느낀다. "다른 물고기들도 먹으려고 하는데 나도 먹어도 괜찮겠지"라는 심리가 작동한다. 사람도 마찬가지다. "지금 500명이 이 상품을 보고 있습니다"라거나 "많은 사람이 구매한 베스트셀러"라는 문구는 우리가 미끼를 물도록 부추긴다. 나와 비슷한 사람의 인증은 마음의 평화를 가져다주며 다른 사람들도 낚이고 있으니 나도 낚여도 괜찮다는 믿음을 준다.

마지막으로, 미끼를 무는 이유는 물고기와 사람 모두 호기심 때문이다. 물고기는 이 미끼가 무엇인지 탐색하려고 한 번 입질해보는 경우가 많다. 사람도 비슷하다. "이건 뭐지?" "정말 효과가 있을까?"라는 궁금증은 행동으로 이어진다. 특히, 미끼 메시지가 궁금증을 자극할수록 그것을 확인하지 않고는 견딜 수 없게 된다. "이 상품의 숨겨진 비밀이 궁금하다면 지금 클릭!" 같은 메시지는 뇌에 작동하는 호기심의 도파민 시스템을 건드린다.

결국 미끼임을 알면서도 물게 되는 이유는 단순히 속임수가 교묘해서가 아니다. 본능, 심리적 메커니즘 그리고 주변 환경에 따라 작동하는 자연스러운 반응이다. 우리는 기회를 놓치고 싶지 않고, 다른 사람과 같은 대열에 서고 싶으며, 호기심을 채우고 싶어 한다. 미끼를 물지 않는 것은 뇌의 설계 자체를 거스르는 일일지도 모른다.

▼ 핵심 문장
미끼라는 것을 알면서도 물게 되는 이유는 기회를 놓치고 싶지 않고, 다른 사람과 같은 대열에 서고 싶으며, 호기심을 채우려는 본능이 뇌 속에 설계되어 있기 때문이다.

더 알아보고 싶다는 심리적 유도

'더 알아보고 싶다'는 감정은 단순한 호기심 이상의 심리 유도 방법이다. 사람들은 알지 못하는 것을 채우고 싶어 하는 욕구가 있으며, 이 욕구는 개인의 과거 경험과 심리적 구조 속에서 만들어진다. 우리는 뭔가를 알고 싶다는 욕구를 단순히 지식이나 정보의 필요성으로 간주하지만, 실상 그것은 자기 자신에 대한 욕구, 즉 '내가 누군지', '나는 무엇에 관심이 있는지'를 이해하려는 깊은 동기와 연결되어 있다.

이 감정은 광고와 마케팅에서 매우 정교하게 활용된다. "당신이 절대 몰랐던 7가지 사실"이나 "알고 나면 깜짝 놀랄 이야기" 같은 제목은 단순히 정보를 제공하려는 것이 아니다. 이런 문구는 소비자에게 스스로를 이야기의 주인공으로 연결하게 만든다. "내가 몰랐던 사실?"이라는 질문은 단순한 지식 결핍이 아니라, "내가 놓친 것이 있지는 않은가?"라는 자기 점검 욕구를 자극한다. 이때 사람은 단순히 알고 싶은 것을 넘어 자신이 더 나아지고 있다는 느낌을 얻으려고 클릭하거나 행동한다.

'더 알아보고 싶다'는 심리는 고객이 단순히 정보 소비자가 아니라 행동으로 자기 자신을 더 완성된 사람으로 만들고자 하는 심리적 동기에 기반한다. 우리는 모두 미완성된 퍼즐처럼 느껴지는 순간을 갖고 있다. 예를 들어, "성공한 사람들이 꼭 하는 아침 습관"이라는 제목의 콘텐츠는 단순히 성공 방법론을 제공하는 것이 아니라 "나도 이런 습관을 따라가면 그들과 가까워질 수 있다"라는 기대를 심어준다. 그리고 이 기대가 클릭이나 구매 같은 행동으로 이어진다.

마케팅에서 중요한 건 단순히 정보를 주는 것이 아니라 소비자가 정보를 보고 스스로 확장할 기회를 제공하는 것이다. 사람들이 좋아하는 콘텐츠나 제품은 단순히 그 자체가 매력적이어서가 아니라, 그것이 "나를 더 나은 사람으로 만들어줄지도 모른다"라는 감정을 불러일으키기 때문이다. 이것이 바로 '더 알아보고 싶다'는 욕구가 행동을 유도하는 핵심 이유다.

이 심리를 깊이 들여다보면 '결정의 연기'라는 현상도 발견할 수 있다. 사람들은 결정을 미루고 싶어 하는 경향이 있다. 더 많은 정보를 얻기 전에는 행동으로 옮기지 않으려 한다. 그러나 '더 알아보고 싶다'는 심리는 이런 미루기를 깨뜨릴 때 작용한다. 잘 설계된 콘텐츠는 정보를 완전히 제공하지 않고 소비자가 일부를 스스로 찾아가도록 설계한다. 이는 소비자에게 행동의 동기를 심어준다.

예를 들어, "이 쿠폰으로 당신의 다음 쇼핑 비용을 절반으로 줄일 수 있습니다. 지금 확인하세요!" 같은 메시지는 고객에게 혜택을 완전히 설명하지 않는다. 그 대신 고객은 "내가 정확히 얼마나 절약할 수 있을까?"라는 생각으로 행동하게 된다. 이때 사람들은 자신이 스스로 결정을 내렸다고 느낀다. 그러나 실제로는 '더 알아보고 싶다'는 심리를 활용한 설계된 경험 속에서 움직인 것이다.

결국, 사람들에게 '더 알아보고 싶다'는 감정을 유발하려면 그들 자신과 관련된 질문을 던지고 답을 찾는 과정을 스스로 주도할 수 있게 설계해야 한다. 그리고 그 과정에서 사람들에게 그들이 가치 있는 선택을 하고 있다는 확신을 심어주는 것이다. 이는 단순한 광고를 넘어 소비자와 브랜드 간에 깊은 신뢰를 형성하는 기초다.

▼
핵심 문장

사람들이 '더 알아보고 싶다'는 심리는 단순히 정보를 얻는 것을 넘어 자신을 발견하고 더 나은 상태로 나아가고자 하는 심리적 욕구에서 비롯된다.

기대감을 행동으로 전환하는 법

기대감은 소비자의 마음속에서 불꽃처럼 번뜩인다. 하지만 그 불꽃이 행동이라는 불길로 이어지지 않는다면, 그 기대는 결국 꺼져버린다. 기대감을 행동으로 연결하는 데 필요한 건 단순한 유혹이 아니라 고객의 심리 깊은 곳을 읽어내는 세밀한 설계다.

가장 먼저 고객이 행동하지 않을 이유를 찾아내 그것을 없애야 한다. 행동을 주저하게 만드는 모든 심리적 장애물은 명확히 제거해야 한다. 예를 들어, 사람들이 결정을 미루는 가장 큰 이유는 선택의 복잡함이다. 그래서 선택지를 단순화하고 고객이 더는 머뭇거리지 않도록 해야 한다. "10가지 옵션 중에서 고르세요"라는 메시지보다 "이것이 당신에게 딱 맞는 선택입니다"라는 확신이 훨씬 더 강력하다.

고객이 결정을 내린 뒤 느낄 수 있는 구체적 결과를 시각적으로 제시한다. 단순히 "이 제품이 삶을 더 편리하게 만듭니다"라고 말하는 건 고객의 상상에 의존하는 메시지다. "이 제품으로 아침 30분을 절약하세요"처럼 고객의 일상에 직접 적용될 수 있는 이점을 보여주는 것이 중요하다. 고객은 자신이 얻을 결과를 생생히 떠올릴 수 있을 때 행동에 나선다.

긴박감 대신 즉각적 변화 가능성을 강조하는 것도 효과적이다. 한동안 건강에 관심을 두지 않던 사람들이 피트니스 프로그램에 끌리는 이유는 단순히 건강에 대한 욕구 때문만이 아니다. "오늘 시작하면 7일 후 변화된 자신을 만날 수 있습니다"라는 메시지는 단순히 당장 행동을 요구하는 게 아니다. 고객의 미래를 지금 행동과 연결 짓는다. 이때 중요한 건 시간의 촉박함이 아니라 변화의 가시성이다.

행동의 진입 장벽을 낮추는 것도 중요하다. 사람들은 큰 결정을 내릴 때 부담을 느낀다. 이 부담을 덜어주는 방식은 작은 단계로 시작하도록 돕는 것이다. "지금 구매하세요"라는 직접적 요청 대신 "무료 체험을 시작하세요"라는 말은 훨씬 덜 위협적으로 다가온다. 고객은 작은 발걸음으로 시작하면서도 이미 행동의 흐름 속에 들어와 있다. 중요한 건 고객이 처음 한 걸음만 내디디면 자연스럽게 다음 행동으로 이어질 수 있도록 설계하는 것이다.

마지막으로, 행동 이후 즉각적인 긍정적 피드백을 제공하라. 고객이 행동을 완료했을 때 느끼는 보상은 단순히 물건을 받는 데서 끝나지 않는다. "축하합니다, 당신은 더 나은 선택을 하셨습니다" 같은 메시지는 고객의 선택을 강화하고, 행동에 대한 만족감을 즉각적으로 느끼게 한다. 이때 피드백은 단순한 칭찬이 아니라 고객의 가치를 인정하고 행동의 결과를 축하하는 방식이어야 한다.

기대감은 감정적 에너지를 품고 있다. 이 에너지가 행동으로 전환되는 순간, 고객은 자신의 선택을 스스로 정당화하게 된다. 설계자의 역할은 이 전환 과정을 매끄럽게 만들어 고객이 더는 망설이거나 의심하지 않도록 돕는 것이다. 기대를 불러일으키는 건 쉽다. 하지만 그 기대를 행동으로 이어지게 만드는 건 세심한 설계와 심리적 통찰에 달려 있다.

▼
핵심 문장
기대는 설렘에서 끝나지 않는다. 행동으로 이어지고 만족으로 완성될 때 비로소 그 기대는 진정한 가치를 갖는다.

열린 결말을 활용한 설계 전략

열린 결말은 고객의 상상력을 자극하고, 자연스럽게 더 알아보려는 행동으로 이끈다. 이 전략은 단순히 정보를 감추는 것이 아니라, 고객 스스로 답을 찾고 싶게 만드는 심리적 장치를 활용하는 데 초점이 맞춰져 있다. 마케팅에서 열린 결말을 잘 활용하면 단순한 호기심을 넘어서 실제 구매나 참여로 연결될 수 있다.

인간은 미완성된 이야기를 마주하면 자연스럽게 결말을 상상하려는 경향이 있다. 이는 심리학에서 자이가르닉 효과Zeigarnik Effect로 설명된다. 완성되지 않은 정보는 뇌에 남아 끊임없이 질문을 던지며, 이 궁금증이 해소되지 않는 한 우리 생각은 그 정보에 고정된다.

한 예로, 영화 예고편을 떠올려보자. 예고편은 전체 이야기를 보여주지 않는다. 오히려 중요한 장면을 일부만 보여주거나 극적인 대사로 관객이 "저게 무슨 뜻이지? 끝에 무슨 일이 일어날까?"라고 상상하게 만든다. 이 상상은 행동으로 이어진다. 관객은 그 질문에 대한 답을 찾으러 영화관으로 발걸음을 옮긴다. 마케팅에서도 열린 결말은 비슷한 원리로 작동한다.

열린 결말은 일상에서도 작동한다. 최근 본 한 식품 광고는 마지막 장면에서 한 사람이 맛있는 음식을 입에 넣고 놀라는 표정을 짓는 것으로 끝났다. 이어서 나오는 텍스트는 단순했다. "다음은 당신 차례입니다." 이 광고는 음식을 먹은 사람의 반응만 보여주었을 뿐 실제 맛이나 재료는 구체적으로 설명하지 않았다. 하지만 궁금증은 자연스럽게 떠올랐다. "저 음식은 어떤 맛일까? 나도 한번 먹어봐야겠네." 이 열린 결말은 나를 그 브랜드 웹사이트로 이동하게 만들었고, 결국 한 번도 먹어보지 않았던 제품을 주문하게 했다.

열린 결말의 효과적인 활용법

질문으로 끝맺기

광고나 콘텐츠를 마무리할 때 직접적인 답변을 제시하기보다는 질문으로 끝맺는 것이 효과적이다. 예를 들어, 한 뷰티 브랜드는 "당신의 피부는 어떻게 변할까요?"라는 문구로 광고를 마무리했다. 이 질문은 고객 스스로 답을 찾고 싶게 만들었고, 많은 사람이 제품 상세 페이지를 클릭하게 했다.

결과 대신 과정만 보여주기

열린 결말은 결과를 숨기고 과정만 보여줄 때 강력하다. 피트니스 광고를 예로 들어보자. 한 광고는 운동 전과 운동 중의 모습을 강조했다. 땀을 흘리며 열심히 운동하는 모습은 보여줬지만 운동 후 달라진 몸이나 체중 감량의 결과는 나타내지 않았다. 고객은 광고를 보며 "운동하면 저렇게 될 수 있을까?"라는 생각을 하게 되고 제품이나 서비스를 경험하며 스스로 그 결말을 완성하고자 한다.

불확실성 남기기

불확실성을 활용해 고객의 호기심을 자극하는 것도 열린 결말의 전략 중 하나다. "한정판, 단 5개 남음" 같은 문구는 고객에게 결과를 상상하게 만든다. '내가 지금 행동하지 않으면 기회를 놓칠지도 모른다'는 심리는 행동을 촉진하며 열린 결말의 효과를 극대화한다.

열린 결말의 궁극적 목표는 고객을 참여하게 만드는 것이다. 고객이 상상하게 만들고 그 상상을 확인하려고 행동으로 이어지게 설계하는 것이다. 이 과정에서 고객은 단순히 소비자가 아니라 마케팅의 일부가 된다. 고객이 참여할 때 그들은 더 큰 만족을 느끼며, 브랜드에 더 강하게 연결된다.

결국, 열린 결말의 마케팅 전략은 고객 머릿속에 "다음은 뭘까?"라는 질문을 심어주는 데 있다. 그리고 그 질문의 답을 찾으려고 고객이 스스로 움직이게 만드는 것이다.

열린 결말의 전략은 고객에게 답을 바로 주지 않고, 그 답을 찾으려고 행동하도록 만든다. 영양제 판매에서 이 원리를 활용하면, 단순히 제품을 소개하는 것을 넘어 고객이 적극적으로 구매 여정에 참여하게 된다. 중요한 것은 정보의 조각을 효과적으로 배치하고, 고객이 마지막 퍼즐을 스스로 완성했다고 느끼게 만드는 것이다.

▼ 핵심 문장
열린 결말은 고객의 머릿속에 '물음표'라는 질문을 심어주고 고객이 답을 찾으러 스스로 움직이게 만든다.

- 유튜브나 넷플릭스 예고편 분석하기

미션 목표

유튜브나 넷플릭스의 예고편이 어떻게 호기심을 자극하고 행동을 유도하는지 분석해보자. 이로써 마케팅과 콘텐츠 제작에 적용할 수 있는 아이디어를 얻는다.

1. 미션 가이드라인

- **관찰 대상 선정**: 유튜브나 넷플릭스에서 눈길을 끄는 예고편을 3~5개 선택한다.
  예) 최신 영화 트레일러, 다큐멘터리 예고편, 인기 시리즈의 다음 시즌 티저
- **분석 포인트**: 미완성 정보를 찾는다. 예고편에서 어떤 정보가 의도적으로 빠져 있는가?
- **감정 유도**: 긴박감, 기대, 흥분, 공포 등 어떤 감정을 자극했는가?
- **CTA(Call to Action)**: "지금 시청하기" 또는 "다음 에피소드에서 확인하세요" 같은 메시지가 어떻게 작동했는가?
- **열린 결말**: 예고편이 어떤 미스터리나 의문을 남겨 다음 행동을 유도했는가?
- **예고편 제목**: 분석 대상 콘텐츠의 제목 작성
- **분석 요약**: 예고편에서 발견된 주요 심리 전략 3가지 요약
- **적용 가능성**: 개인 또는 비즈니스에 어떻게 활용할지 작성

2. 예시 분석

- **예고편 1**: 넷플릭스 시리즈 〈더 크라운〉(The Crown) 시즌 티저
- **미완성 정보**: 주요 인물의 갈등 장면은 보여주지만, 그 결과나 이유는 공개하지 않는다. "이번 시즌에서 어떤 사건이 터질까?"라는 궁금증을 유발한다.
- **감정 유도**: 클래식 음악과 함께 절제된 대사가 고급스러운 긴장감을 조성한다. "왕관의 무게는 계속된다"라는 문구는 내러티브의 중압감을 강조한다.
- **열린 결말**: 마지막 장면에서 새로운 인물이 등장하지만 누구인지 밝히지 않는다. 시청자는 궁금증을 해결하려고 시즌 시청을 결심한다.
- **적용 가능성**: 티저 영상에서 제품의 전체 기능 대신 한 가지 강점만 강조한다.
  고객 리뷰를 활용해 "이 제품이 바꾼 삶"을 힌트로 보여준다.
- **예고편 2**: 유튜브 트레일러 〈미션 임파서블: 데드 레코닝〉
- **미완성 정보**: 하이라이트 액션 장면은 보여주지만 그 이유나 결과는 알려주지 않는다. "누구를 배신할 것인가?"라는 대사는 스토리의 핵심 갈등을 던진다.
- **감정 유도**: 빠른 편집과 강렬한 배경음악으로 긴박감을 극대화한다. 클라이맥스 장면은 의도적으로 미완성 상태로 끊어진다.
- **열린 결말**: 주인공이 벼랑 끝에 매달리는 장면으로 끝난다. 시청자는 다음 내용을 확인하지 않고는 견딜 수 없게 된다.
- **적용 가능성**: 고객이 제품을 사용하기 전과 후를 대비하는 시각적 효과를 광고에 활용한다. "이후 변화는 지금 확인하세요"

라는 메시지로 클릭을 유도한다.

3. 미션 실전 단계
- **시청 및 기록**: 유튜브에서 예고편을 3~5개 보고 각각의 특징을 간단히 기록한다.

분석 템플릿 작성
- **제목**: 예고편 이름
- **미완성 정보**: 의도적으로 빠진 정보
- **감정 유도**: 어떤 감정을 자극했는가?
- **열린 결말**: 궁금증을 유발한 요소
- **마케팅 활용 아이디어**: 예고편 전략을 어떻게 개인 또는 브랜드 마케팅에 적용할지 정리한다.

미션 활용 예시
- **예고편**: 유튜브 광고 '고민을 해결하는 AI 비서'
- **미완성 정보**: 어떤 기능으로 문제를 해결하는지는 언급하지 않고 고객의 문제를 암시만 한다.
- **감정 유도**: 편리한 미래를 상상하게 하며 현재의 불편함을 강조한다.
- **열린 결말**: 마지막에 "지금 경험해보세요"라는 문구로 끝낸다.

마케팅 적용
제품 기능의 일부만 강조하는 단편 광고 제작
CTA는 '더 알아보기'로 고객을 랜딩 페이지로 유도
이 과정에서 호기심을 자극하고 행동으로 이어지게 만드는 마케팅 전략 실천

습관 해킹

- 소비를 자동화하는 법

습관을 해킹하는 방법

습관은 강요로 만들어지지 않는다. 그것은 반복과 익숙함에서 자연스럽게 형성된다. 생각해보라. 아침에 일어나서 무심코 커피를 타는 행동, 침대에 눕기 전 스마트폰을 보는 행동 모두 자동으로 이루어진다. 이런 행동들이 특별한 의식 없이 반복되는 이유는 단순하다. 익숙하기 때문이다. 익숙함이 곧 편안함을 만들고 그 편안함이 습관으로 굳는다.

습관을 해킹하려면 고객의 하루를 읽어야 한다. 사람들은 늘 바쁘다. 무언가를 결정하고 행동으로 옮길 여유가 없다. 그래서 그들은 자동으로 움직인다. 똑같은 브랜드의 커피를 사고, 같은 경로로 출근하며, 매번 비슷한 앱을 사용한다. 중요한 건 반복되는 이 흐름 속에 어떻게 우리 제품을 스며들게 하느냐다. 가장 효과적인 방법은 고객의 일상에서 특정한 순간을 포착하는 것이다.

아침에 하루를 시작하며 사람들이 느끼는 피곤함, 점심 후의 나른함, 저녁 퇴근길의 해방감 같은 감정적 순간이 바로 그것이다. 고객이 매일 반복하는 행동을 관찰하다 보면, 그 순간에 필요한 무언가가 보인다. 예를 들어, "오후 3시에 다시 집중력을 되찾아야 한다"라는 순간에 에너지 음료가 떠오르게 만든다면, 그것은 단순한 광고가 아니라 습관이 된다.

그러나 단순히 떠오르게 하는 것만으로는 부족하다. 고객이 이 행동을 반복하게 만들려면 경험 자체가 간단하고 매끄러워야 한다. 앱 하나를 설치해도 가입 과정이 길고 복잡하면 아무리 흥미로운 서비스라도 포기한다. 마찬가지로, 습관으로 자리 잡으려면 고객이 처음 경험할 때부터 최소한의 에너지를 들여 행동에 도달할 수 있도록 설계해야 한다. 클릭 한 번으로 제품을 구독하거나, 자동 배송을 설정하거나, 반복 구매를 쉽게 할 수 있는 환경을 제공해야 한다.

반복이 강화되기 시작하면 습관은 점점 무의식적인 행동으로 자리 잡는다. 그런데 여기서 중요한 것은 반복의 동기를 계속 새롭게 만들어야 한다는 점이다. 단순히 반복되는 행동은 결국 지루해지고, 고객은 새로운 자극을 찾게 된다. 이를 방지하려면 습관에 작은 변화를 더하거나, 보상 강도를 조정해야 한다. 예를 들어, 정기 구독 제품에 소소한 선물을 추가하거나 예상치 못한 혜택을 제공해 고객이 "이번에도 잘했네"라는 생각을 하게 만드는 것이다.

습관은 의도적으로 설계하지 않으면 흐릿해진다. 고객은 매번 새로운 선택을 하지 않으려는 경향이 있다. 그러나 선택의 문턱이 낮아지고, 반복적으로 강화되며, 예상치 못한 보상이 더해지면 고객은 자연스럽게 우리 제품과 서비스를 자신의 일상에 녹아들게 한다. 결국, 습관 해킹은 고객이 우리가 필요하다고 느끼게 만드는 것이 아니라 우리 없이는 불편하다고 생각하게 만드는 것이다.

습관은 단순히 반복되는 행동이 아니다. 그것은 고객의 삶에 자리 잡은 무의식적인 흐름이다. 이 흐름을 설계할 때 고객은 우리와의 관계를 의식하지 못한 채 계속 우리를 선택하게 된다. 그리고 그 선택이 반복될수록 우리 자리는 더 견고해진다.

▼
핵심 문장

습관 해킹은 고객이 우리가 필요하다고 느끼게 만드는 것이 아니라 우리 없이는 불편하다고 생각하게 만드는 것이다.

자동화를 위한 3단계 설계

자동화는 소비자와 브랜드 간의 관계를 지속적으로 강화하고 불필요한 단계를 제거해 효율성을 극대화하는 데 초점을 맞춘다. 하지만 단순히 기술을 도입한다고 해서 자동화가 성공적으로 이루어지는 것은 아니다. 고객의 행동 패턴을 이해하고 그 흐름에 맞게 자동화를 설계하는 것이 핵심이다. 성공적인 자동화를 위한 3단계 전략을 살펴보자.

1단계: 흐름 분석-고객의 여정을 이해하라

자동화를 설계하려면 먼저 고객의 여정을 분석해야 한다. 고객이 브랜드와 처음 만나는 순간부터 구매, 그 이후까지 모든 단계를 파악하고, 가장 많은 시간과 노력을 소비하는 지점을 찾아야 한다. 자동화는 이러한 지점을 최소화하거나 제거하는 데서 시작된다.

이메일 자동화 시스템: 한 전자상거래 브랜드는 고객의 장바구니 이탈률이 높은 것을 확인했다. 분석 결과, 고객이 장바구니에 물건을 담고도 결제까지 이어지지 않는 경우가 많았다. 이를 해결하려고 "장바구니를 잊으셨나요?"라는 제목의 카톡을 자동화 시스템으로 설정했다. 24시간 이내에 발송되는 이 카톡은 할인 코드나 무료 배송 혜택을 포함해 고객의 재방문을 유도했다. 결과적으로 이탈률이 20% 감소했고, 구매 전환율이 크게 증가했다.

2단계: 반복 업무를 자동화하라

자동화의 핵심은 사람들이 반복적으로 해야 하는 단순한 작업을 시스템으로 대체하는 것이다. 이로써 팀은 더 중요한 업무에 집중할 수 있고 고객은 빠르고 매끄러운 경험을 누릴 수 있다.

챗봇과 예약 시스템: 한 미용실은 예약 전화가 몰릴 때마다 고객 응대에 어려움을 겪었다. 고객들은 예약 전화를 기다려야 했고 직원들은 예약 관리에 시간을 빼앗겼다. 이를 해결하려고 자동화된 예약 시스템과 AI 챗봇을 도입했다. 고객은 24시간 언제든지 온라인으로 예약을 진행할 수 있었고, 예약 확정 메시지와 리마인더 알림은 자동으로 발송되었다. 이로써 고객 대기 시간이 줄어들고 직원들은 본연의 업무에 더 집중할 수 있었다.

3단계: 지속적으로 테스트하고 최적화하라

자동화 시스템이 완벽하게 작동하는 것처럼 보이더라도 고객의 행동 변화에 따라 지속적으로 테스트하고 개선해야 한다. 자동화의 성공 여부는 데이터 분석과 피드백 수집에 달려 있다. 자동화가 고객의 기대를 충족하지 못하거나 불편함을 준다면, 시스템 자체가 역효과를 낳을 수 있다.

A/B 테스트와 데이터 분석: 한 패션 브랜드는 고객에게 할인 쿠폰을 카톡으로 자동으로 발송하는 시스템을 운영했다. 하지만 발송 시점에 따라 클릭률이 달라지는 것을 발견했다. 이들은 오전 9시와 오후 6시에 발송하는 두 가지 버전을 테스트했다. 분석 결과 퇴근 시간인 오후 6시에 발송된 쿠폰의 클릭률이 30% 더 높았다. 브랜드는 이 데이터를 기반으로 발송 시간을 최적화했고, 구매 전환율을 크게 향상했다.

자동화가 만들어내는 고객 경험의 변화

자동화는 고객에게 단순히 편리함을 제공하는 것을 넘어 브랜드와의 상호작용을 더욱 원활하게 만들어준다. 중요한 건 고객이 자동화된 시스템과 상호작용하면서도 개인적인 관심을 받는다고 느껴야 한다는 점이다. 예를 들어, 고객이 문제를 제기했을 때 챗봇이 대응하다가도 더 복잡한 문제는 즉시 인간 상담사로 연결하는 방식이 필요하다.

자동화는 고객의 시간을 절약하고 브랜드에 대한 신뢰를 높일 수 있다. 하지만 인간적 요소를 잃지 않도록 주의해야 한다. 시스템이 고객을 이해하고 있다는 느낌을 줄 때 자동화는 단순한 기술 이상의 가치를 제공하게 된다.

결국 자동화는 브랜드의 효율성을 높이고 고객 경험을 개선하는 데 필수적이다. 고객 여정을 분석하고, 반복 업무를 제거하며, 지속적으로 최적화하는 3단계 설계로 브랜드는 고객에게 더 큰 가치를 제공할 수 있다. 고객이 브랜드와 상호작용할 때마다 자연스럽고 편리한 경험을 하게 만드는 것이 성공적인 자동화의 핵심이다.

▼
핵심 문장
자동화는 고객 여정을 이해하고 반복을 제거하며 지속적으로 최적화할 때 비로소 성공한다. 기술은 편리함을 넘어 고객에게 개인적 관심을 받는다는 신뢰를 심어줄 때 진정한 가치를 발휘한다.

고객의 루틴에 브랜드를 심는 법

브랜드가 소비자의 일상에 자리 잡는다는 것은 소비자가 그것을 '습관'으로 받아들였다는 뜻이다. 습관은 매일 반복되는 행동이므로, 이를 설계하는 건 브랜드의 생명력을 결정짓는 핵심 전략이다. 하지만 단순히 노출만 늘린다고 고객의 루틴에 자리 잡는 것은 아니다. 브랜드는 고객의 일상을 세심히 이해하고, 그들의 자연스러운 흐름에 스며들어야 한다.

브랜드가 고객의 일상에 스며드는 순간 그것은 단순한 선택이 아니라 자연스러운 습관이 된다. 습관은 선택의 부담을 줄이고 무의식적으로 반복되는 행동으로 자리 잡는다. 이 단계에 이르렀을 때 브랜드는 이제 경쟁하지 않아도 된다. 고객의 삶에 스며들었기 때문이다.

이를 위해 가장 중요한 것은 타이밍이다. 고객이 가장 필요로 하는 순간에 등장하는 것이다. 매일 아침 알람 소리와 함께 자동으로 날씨와 일정 알림을 제공하는 스마트폰 앱이 있다면 그것은 단순한 앱이 아니라 하루를 시작하는 루틴이 된다. 하루의 시작을 돕는 동반자가 된다. 브랜드도 이런 방식으로 고객의 루틴에 들어가야 한다.

물론 단순히 타이밍만으로는 충분하지 않고 편리함이 따라야 한다. 선택 과정이 복잡하거나 시간이 많이 걸린다면 고객은 금세 대안을 찾는다. 예를 들어, 내가 자주 이용하는 음식 배달 서비스는 단 한 번의 클릭으로 '지난주 주문했던 메뉴'를 다시 주문할 수 있도록 설계되었다. 새로 검색하거나 고민할 필요가 없다. 이 단순한 기능 덕분에 나는 매주 이 서비스를 이용한다. 그 과정이 쉽고 부담이 없기 때문이다.

하지만 진정으로 고객의 루틴에 자리 잡으려면 정서적 연결이 필요하다. 브랜드는 기능적인 편리함을 제공하는 것을 넘어 고객의 감정을 건드려야 한다. 한 친구가 매일 같은 카페에 들르는 이유를 들려준 적이 있다. 커피 맛 때문이 아니었다. "어서 오세요, 늘 드시던 걸로 준비할게요"라는 점원의 한마디가 그를 계속 찾게 만들었다고 했다. 단순한 커피가 아니라 자신이 기억되고 있다는 느낌, 그 감정적 연결이 루틴의 시작이 되었다.

결국 브랜드가 고객의 루틴 속으로 스며드는 과정이 자연스러워야 한다. 억지스럽게 강요하거나 과도하게 부각하면 오히려 거부감을 준다. 고객이 브랜드를 자기 삶에서 자연스럽게 받아들이도록 그들의 흐름에 부드럽게 녹아들어야 한다. 그것이 가능해졌을 때 브랜드는 선택이 아닌 필수가 된다.

생각해보면, 모든 위대한 브랜드는 고객의 일상에 깊숙이 자리 잡는 데 성공했다. 아침마다 손이 가는 치약, 밤마다 눌러보는 SNS 앱, 정기적으로 도착하는 구독 서비스. 이 모든 것은 선택이 아닌 습관이 되었다. 그리고 그 습관은 고객과 브랜드 사이에 끈끈한 유대를 만들어낸다. 브랜드가 이런 습관을 설계할 수 있다면 경쟁은 문제가 되지 않는다. 고객이 먼저 움직이기 때문이다.

▼핵심 문장
브랜드가 고객의 루틴이 되려면 가장 필요한 순간에 자연스럽게 스며들어야 한다. 타이밍, 편리함, 정서적 연결이 결합될 때 브랜드는 선택이 아니라 고객의 일상이 된다.

반복 노출과 고객의 루틴 설계

사람은 본능적으로 익숙한 것에 마음을 연다. 익숙함은 안전하다는 느낌을 주고 그 안전함은 선택을 단순하게 만든다. 그렇다면 어떻게 익숙함을 만들어낼 수 있을까? 핵심은 반복에 있다. 하지만 단순히 브랜드를 자주 노출하는 것만으로는 충분하지 않다. 반복은 고객의 삶에 스며들어야 하며 자연스럽게 일상의 일부가 되어야 한다. 브랜드를 고객의 루틴 속으로 끌어들이는 것은 설득이 아니라 설계의 문제다.

아침에 눈을 뜨면 무의식적으로 커피를 찾는 행동, 점심 후 스마트폰을 확인하는 습관, 퇴근 후 텔레비전 앞에 앉는 패턴 모두 누군가 가르치거나 강요해서 생긴 게 아니다. 매일 반복되는 행동이 어느새 익숙해졌고 익숙함은 습관으로 자리 잡았다. 마케팅에서 반복 노출과 루틴 설계가 중요한 이유도 여기에 있다. 고객의 의식적인 선택을 이끌기보다 무의식적으로 브랜드를 떠올리게 만들어야 한다.

예를 들어보자. 한 글로벌 커피 브랜드는 아침 출근길에 커피를 마시는 습관을 만드는 데 집중했다. 매일 아침, 주요 출근길에 위치한 매장 앞에 아침 할인 메시지가 등장했다. "아침 9시 전, 모닝 커피 20% 할인"이라는 단순한 메시지가 반복적으로 노출되면서 고객의 출근길 행동이 바뀌기 시작했다. 처음에는 단순히 '할인하니까 사야지'라는 생각이었지만 몇 주 후에는 할인 여부와 상관없이 매장을 찾는 사람들이 늘어났다. 고객의 출근길 루틴에 커피 한 잔이 자연스럽게 추가된 것이다. 그 브랜드는 더 이상 단순한 커피숍이 아니라 고객의 아침을 여는 필수 요소가 되었다.

반복의 힘은 적절한 순간에 더 강력하게 작동한다. 고객이 특정한 욕구를 느끼는 시점, 예를 들어 배고픔, 피곤함 또는 심심함 같은 감정이 떠오르는 순간에 브랜드가 등장하면, 그 연결은 더 강해진다. 넷플릭스의 사례를 보자. 넷플릭스는 사용자가 하루를 마무리하는 시간대에 맞춰 '다음 에피소드 자동 재생' 기능을 도입했다. 사용자는 별다른 결정을 하지 않고도 콘텐츠를 계속 소비할 수 있었다. 이 반복적 경험은 넷플릭스를 단순한 스트리밍 플랫폼이 아니라 하루의 끝을 함께하는 동반자로 자리 잡게 만들었다. 중요한 것은 이런 연결이 고객 스스로 만든 루틴처럼 느껴지도록 설계되었다는 점이다.

루틴 설계에서 중요한 또 한 가지는 고객이 브랜드에서 느끼는 심리적 안정감이다. 사람들은 낯선 브랜드를 쉽게 신뢰하지 않는다. 하지만 반복적으로 노출된 브랜드는 익숙함으로 신뢰를 얻는다. 내가 자주 가는 동네 빵집에서 매일 같은 시간에 고소한 빵 냄새를 풍긴다면 그곳에 대한 호감이 자연스럽게 쌓인다. 가게 이름을 기억하지 못해도 '그 좋은 냄새 나던 빵집'은 머릿속에 남는다. 브랜드는 익숙함이라는 작은 씨앗을 심어 고객이 스스로 신뢰를 느끼도록 만들어야 한다.

이 원리는 온라인에서도 동일하게 작동한다. 이메일 마케팅이나 푸시 알림은 고객의 루틴을 아주 쉽게 설계하는 방법의 하나다. 하지만 여기서 중요한 건 타이밍이다. 한 전자상거래 플랫폼은 저녁 8시마다 '오늘의 특가' 알림을 보냈다. 이 시간대는 사람들이 하루를 마무리하며 가벼운 쇼핑을 즐기기 좋은 시간이었다. 알림을 반복적으로 받은 고객들은 점차 "오늘은 어떤 특가가 나왔을까?" 기대하게 되었다. 결국, 이 알림은 고객의 밤 시간을 채우는 작은 루틴으로 자리 잡았다.

익숙함을 강화하려면 보상이 필요하다. 반복적인 행동 뒤에 작은 만족감이 따라올 때 고객은 그 행동을 지속한다. 예를 들어, 한 샐러드 구독 서비스는 매주 월요일 신선한 샐러드를 고객의 집 앞에 배달했다. 처음에는 건강을 위해 시작한 고객들이 시간이 지나면서 월요일에는 샐러드가 온다는 사실 자체에 기대감을 느끼기 시작했다. 신선한 재료가 주는 작은 보상은 고객이 이 서비스를 습관으로 받아들이게 만들었다.

브랜드가 고객의 루틴을 설계하려면 반복과 익숙함만으로는 부족하다. 고객이 브랜드와 심리적으로 연결되어야 한다. 브랜드는 단순한 제품이나 서비스 공급자가 아니라 고객의 삶을 더 나아지게 만드는 동반자로 자리 잡아야 한다. 한 피부 관리 브랜드는 고객들에게 매일 저녁 10시에 스킨케어 알림을 보냈다. 하지만 단순히 "제품을 사용하세요"라는 메시지가 아니라 "오늘 하루를 피부를 위한 시간으로 마무리해보세요"라는 메시지로 고객의 감정을 건드렸다. 이 작은 알림은 고객들에게 스스로를 돌보는 시간을 제공했고, 브랜드는 고객의 자기관리 루틴에 자연스럽게 녹아들었다.

반복 노출과 루틴 설계는 고객의 삶에 스며드는 과정이다. 고객이 일상에서 브랜드를 자연스럽게 떠올리게 만드는 것, 그것이 성공적인 마케팅의 본질이다. 반복은 익숙함을 만들고, 익숙함은 신뢰를 만든다. 브랜드가 고객의 루틴으로 들어간다는 건 그들이 브랜드를 선택의 대상이 아닌 일상의 일부로 받아들인다는 뜻이다. 이는 단순한 노출 이상의 작업이다. 고객의 욕구와 타이밍 그리고 그들만의 작은 습관을 깊이 이해하고 설계해야만 가능한 일이다.

반복이 단순한 노출에서 멈추는 브랜드는 쉽게 잊힌다. 하지만 고객의 루틴을 설계한 브랜드는 오래도록 남는다.

▼
핵심 문장
브랜드가 고객의 루틴에 자리 잡으려면 반복 노출을 자연스럽게 설계하고 고객의 일상과 자연스럽게 연결 지어야 한다.

충성도를 강화하는 디테일의 힘

충성도는 고객과 브랜드 간의 감정적 연결에서 비롯된다. 이는 혁신적인 제품만으로는 이루어지지 않는다. 중요한 건 고객이 브랜드에서 '특별하다'고 느끼는 순간, 그 감정이 충성도를 만든다는 것이다. 이 감정적 연결을 만드는 건 작아 보이지만 아주 큰 디테일이다.

동네의 작은 빵집에서 있었던 일이다. 나는 정기적으로 그곳에서 식빵을 사곤 했는데, 어느 날 가게 직원이 나를 보자마자 "식빵은 오늘도 두 개 맞으시죠?"라고 물었다. 단순한 질문이었지만 나는 기분이 좋아졌다. 이 빵집이 나를 기억한다는 사실, 내가 단골이라는 사실이 자부심처럼 느껴졌다. 이후로 나는 조금 더 먼 거리에 있는 대형 프랜차이즈보다 이 빵집을 선택했다. 이 작은 행동은 브랜드가 고객과 개인적인 관계를 형성하는 힘을 보여준다.

충성도를 강화하려면 고객의 행동을 분석하고 그 행동에 맞는 세심한 디테일을 설계해야 한다. 예를 들어, 한 꽃 배달 서비스 업체는 고객이 특정 기념일에 꽃을 보낸 기록을 추적해 다음 해 같은 날 "기념일이 다가옵니다. 특별한 분께 어떤 꽃을 선물하실 건가요?"라는 알림을 보낸다. 이 디테일은 단순히 판매를 유도하는 것이 아니라 고객의 중요한 순간을 기억하고 있다는 메시지를 전달한다. 고객은 이 서비스를 '내 일상을 챙겨주는 동반자'로 인식하며 감정적으로 연결된다.

배달 서비스에서도 감정적 연결을 만드는 디테일은 강력하다. 한 음식 배달 회사는 고객의 재구매를 유도하려고 주문 내역을 기반으로 "마지막으로 드셨던 치킨, 오늘도 드시겠어요?"라는 메시지를 보낸다. 여기에 개인화된 쿠폰까지 제공하면 고객은 '나를 특별히 대우해주는 브랜드'라는 느낌을 받는다. 중요한 건 단순한 쿠폰 발행이 아니다. 고객의 취향과 과거 행동을 기반으로 메시지를 설계하는 개인화된 경험이 핵심이다.

소규모 헬스클럽의 사례도 있다. 이 클럽은 회원들에게 매달 개인 맞춤형 운동 목표를 설정해주고 이를 달성하면 작은 선물을 제공한다. 한 회원은 매달 받은 작은 선물이 클럽을 떠나지 않는 이유라고 말했다. "작은 간식이나 운동용품 같은 선물들이지만 제가 이곳에서 뭔가 성취하고 있다는 기분이 듭니다." 헬스클럽은 단순히 운동 시설을 제공하는 곳이 아니라 회원의 노력을 인정하고 그들과 지속적으로 연결되는 장소가 되었다.

또 다른 예는 지역 서점에서 찾아볼 수 있다. 한 서점은 정기적으로 방문하는 고객들에게 맞춤형 추천 도서를 제공하며, 특정 작가의 팬임을 파악해 서명본을 구해두기도 한다. 고객은 그 책을 자신만을 위한 것처럼 느끼며, 그 서점을 단순한 상점이 아닌 자신만의 문학적 안식처로 생각하게 된다.

이 디테일의 힘은 고객이 브랜드를 반복적으로 선택하도록 만드는 심리적 동력을 강화한다. 단순히 구매를 유도하는 것이 아니라 고객이 브랜드를 신뢰하고 좋아하게 만드는 것이다. 충성도는 고객이 브랜드에 감정적으로 투자할 때 형성된다. 고객이 자기 삶에서 브랜드를 선택하는 것이 아니라 브랜드가 고객의 삶 일부가 될 때 진정한 충성도가 생긴다.

결국 중요한 건 디테일의 반복성과 일관성이다. 고객은 브랜드와의 상호작용에서 긍정적인 경험을 지속적으로 해야 한다. 감정적 연결은 이벤트 한 번으로 끝나지 않는다. 브랜드가 작은 디테일을 지속적으로 제공할 때 고객은 브랜드에 대한 신뢰와 애착을 쌓는다. 그리고 이 애착은 고객이 브랜드를 떠나지 않는 가장 큰 이유가 된다.

고객이 브랜드를 떠올릴 때 '나를 정말 신경 써주는 곳'이라고 생각하게 만드는 것, 그것이 충성도를 강화하는 디테일의 진정한 힘이다.

충성도는 작은 디테일에서 시작된다. 고객이 '특별하다'고 느끼는 순간, 브랜드의 가치가 달라진다.

고객 경험을 감정적으로 연결하기

고객 경험을 감정적으로 연결하는 것은 단순히 제품을 판매하는 것을 넘어 브랜드와 고객 간의 진정한 유대를 형성하는 과정이다. 고객이 브랜드를 단순한 선택지로 생각하지 않고 자기 삶과 밀접하게 연결된 존재로 인식하게 만드는 것이 핵심이다. 이 감정적 연결은 브랜드 충성도의 기반이 되고 고객이 경쟁사로 떠나지 않도록 붙잡는 무기가 된다.

브랜드와 고객의 감정적 연결은 작은 디테일에서 시작된다. 고객은 자신이 단순히 돈을 내고 물건을 받는 거래를 했다고 느끼고 싶어 하지 않는다. 그 대신 그 과정에서 자신이 특별한 대우를 받았다고 느끼고, 브랜드가 자기 삶을 이해한다고 믿고 싶어 한다.

한 화장품 브랜드의 사례를 보자. 이 브랜드는 제품을 구매한 고객에게 단순히 물건만 배송하지 않았다. 박스를 열었을 때 고객은 예쁘게 포장된 제품과 함께 손글씨로 적힌 편지를 발견한다. 편지에는 "○○○ 고객님, 안녕하세요. △△브랜드 대표 000입니다. 고객님의 오늘 하루가 저희 제품으로 도움이 되시길 바랍니다"라는 메시지가 담겨 있었다. 고객은 단순히 화장품을 산 것이 아니라 자신을 생각하는 브랜드의 마음을 느끼게 된다. 그 결과 그 브랜드는 경쟁 브랜드보다 더 큰 감정적 유대를 쌓을 수 있었다.

또 다른 사례를 보자. 한 운동기구 회사는 단순히 제품을 판매하고 끝내는 대신 고객이 구매 후에도 제품을 효과적으로 사용할 수 있도록 도왔다. 러닝머신을 구매한 고객에게는 "첫 5km를 달려 보세요"라는 메시지와 함께 맞춤형 운동 플랜을 제공했다. 그뿐 아니라 고객의 이름이 포함된 응원 메시지를 담은 이메일을 보내 지속적으로 동기부여를 했다. 고객은 단순히 러닝머신을 산 것이 아니라, 자신의 건강 목표를 지원하는 동반자를 얻었다고 느꼈다. 이러한 세심한 전략은 고객이 제품을 사용할 때마다 브랜드를 떠올리게 했고, 결국 더 깊은 감정적 연결을 만들어냈다.

감정적 연결은 단순히 추가 서비스를 제공하는 것으로 끝나지 않는다. 브랜드가 고객의 가치를 진정으로 이해하고 있다는 신호를 보낼 때, 고객은 브랜드에 더 깊이 공감한다. 예를 들어, 한 가전제품 회사는 고객들이 자신들의 제품을 사용하면서 겪을 수 있는 어려움을 예상하고, 문제를 해결할 수 있는 실질적 도움을 제공했다. 고객이 제품을 처음 사용할 때 가이드 영상 링크가 포함된 이메일을 보내 사용법을 친절히 안내한 것이다. 이 디테일은 고객이 느낄 수 있는 혼란을 없애고, 브랜드에 대한 신뢰를 강화했다.

감정적 연결을 강화하려면 고객이 브랜드와 상호작용하는 모든 순간이 일관되고 긍정적이어야 한다. 브랜드가 일관된 경험을 제공하지 못하면 고객은 혼란을 느끼고 신뢰를 잃게 된다. 고객이 매장에서 느낀 브랜드의 따뜻함과 온라인 고객센터에서 받은 응답이 다르다면 그 차이는 고객의 만족도를 떨어뜨린다. 따라서 브랜드는 모든 접점에서 고객의 기대를 충족하고 초과 달성할 수 있어야 한다. 예를 들어, 한 식음료 브랜드는 오프라인 매장에서 고객이 느낀 감정적 경험을 디지털 공간으로 확장했다. 매장에서 특별한 음료를 제공받은 고객에게 동일한 음료를 집에서도 즐길 수 있도록 특별한 프로모션 코드를 제공한 것이다. 이 작은 연결고리는 브랜드의 정체성을 일관되게 전달하며 고객의 마음속에 더 깊이 새겨졌다.

감정적 연결을 형성하는 또 다른 중요한 요소는 고객의 목소리에 귀 기울이는 것이다. 고객이 브랜드와 관련된 피드백을 주거나 의견을 말할 때 그들이 진정으로 존중받고 있다고 느끼게 만드는 것이 중요하다. 예를 들어, 한 패션 브랜드는 고객 리뷰를 적극적으로 반영해 제품을 개선했다. 그뿐 아니라, 개선된 제품이 출시되었을 때 "○○님의 피드백 덕분에 이런 변화가 가능했습니다"라는 메시지를 고객들에게 보냈다. 이러한 투명성과 존중은 고객이 브랜드와 진정으로 연결되어 있다는 느낌을 주었다. 고객은 자신이 단순히 소비자가 아니라 브랜드의 일원처럼 느끼게 된다.

감정적 연결은 고객이 브랜드와 개인적 관계를 맺었다고 느끼는 데서 시작된다. 브랜드가 고객의 감정을 어떻게 다루는지, 고객 이야기를 얼마나 진지하게 받아들이는지 그리고 고객의 경험을 얼마나 가치 있게 만드는지가 이 연결의 강도를 결정짓는다. 한 금융 서비스 회사는 고객들이 자신의 재정 상태를 더 쉽게 이해할 수 있도록 맞춤형 보고서를 제공했다. 단순히 숫자와 데이터를 나열한 것이 아니라 고객이 자신의 재정 목표를 달성할 수 있도록 실질적인 조언과 응원을 담았다. 이 작은 디테일은 고객에게 "이 회사는 내 성공을 진심으로 바라고 있다"라는 신뢰를 심어주었다.

결국, 감정적 연결은 단순히 제품의 품질이나 서비스의 효율성을 넘어서는 것이다. 그것은 고객이 브랜드를 단순한 공급자가 아니라 자기 삶에서 의미 있는 파트너로 느끼게 만드는 과정이다. 브랜드가 고객의 기대를 뛰어넘는 순간들을 설계하고 고객에게 특별함을 느끼게 하는 경험을 지속적으로 제공할 때, 고객은 단순히 제품을 소비하는 단계를 넘어 브랜드와 감정적으로 연결된다. 이 연결은 경쟁이 치열한 시장에서 브랜드가 차별화되고 지속 가능한 충성도를 확보하는 데 핵심적 역할을 한다.

▼ 핵심 문장
고객 경험은 단순한 거래가 아니라 감정을 연결하는 순간에서 시작된다.

- 자주 사용하는 앱에서 반복적 요소 분석하기

이 미션은 여러분이 매일 사용하는 앱에서 반복적 요소를 찾아 내는 연습을 하며 앱이 어떻게 여러분 행동을 유도하는지 이해하는 데 도움을 준다. 다음 실천 단계를 제안한다.

1. 자주 사용하는 앱 선택하기

매일 사용하는 앱을 3가지 고른다. 예를 들어, 인스타그램, 넷플 릭스, 배달의민족 같은 앱이 있다. 이 앱들이 주의를 끌고 자주 열게 만드는 이유를 파악해본다.

2. 반복적 요소 찾기

앱에서 반복적으로 나타나는 패턴이나 요소를 찾는다. 이를 위해 다음 질문을 활용할 수 있다.

- **알림(Notification)**: 이 앱은 알림을 어떻게 보내는가? 알림 내용 이 "지금 확인해야 한다"는 긴박감을 주는가?
- **추천 콘텐츠**: 앱이 당신을 위해 맞춤형 추천을 제시하는가? 추 천 목록은 얼마나 자주 업데이트되나?
- **시각적 패턴**: 같은 로고, 컬러, 디자인 요소가 앱 전반에 반복 적으로 사용되나?
- **보상 시스템**: 앱에서 무언가를 완료하거나 상호작용했을 때 좋 아요, 댓글, 배지, 할인 쿠폰 등 보상이 주어지는가?

3. 반복적 요소 분석하기

앱에서 발견한 반복적 요소를 아래와 같은 카테고리로 나눠 분석해본다.

- **익숙함 유도**: 앱이 익숙함으로 얼마나 안정감을 주는가?
  예: 배달 앱의 대표 컬러와 아이콘 디자인이 앱을 열 때마다 같은 느낌을 주는지 확인한다.
- **행동 촉진**: 어떤 반복적 요소가 당신을 계속 앱에 머물게 만드는가?
  예: 넷플릭스의 자동 재생 기능이 다음 에피소드를 보도록 유도하는 방식
- **루틴 설계**: 앱이 특정 행동을 습관으로 만드는가?
  예: 매일 아침 알림으로 '오늘의 운동 루틴'을 알려주는 피트니스 앱의 방식

4. 기록하고 개선점 생각하기

앱에서 분석한 반복적 요소를 간단히 기록해본다. 그리고 이 요소들이 왜 효과적인지 또는 어떻게 더 개선할 수 있을지를 적어본다.

예: 인스타그램

- **반복적 요소**: '좋아요' 알림으로 자주 앱을 열게 만듦. 무한 스크롤 기능으로 끝없이 콘텐츠를 보게 함. 팔로우한 계정의 스토리 업데이트로 다시 앱을 방문하게 만듦
- **개선 가능성**: 알림 내용에 더욱 개인화된 메시지를 추가하면 사용자의 감정적 연결이 더 강화될 가능성이 있음

5. 실천하기

분석 결과를 활용해 반복적 요소를 이해하고 그것이 내 행동에 어떤 영향을 미치는지 의식적으로 관찰한다. 이로써 자신의 디지털 습관을 조절하거나 마케팅 전략에 적용해볼 수 있다.

이 미션으로 여러분은 앱이 심리적 요소를 활용해 행동을 유도하는 방식을 파악할 수 있다. 이는 심리해킹의 원리를 실생활에 적용하는 첫걸음이 될 것이다.

디지털 해킹

— 알고리즘과 소셜 미디어의 조종

소셜 미디어는 어떻게 우리를 조종하는가

소셜 미디어는 단순한 플랫폼이 아니다. 그것은 우리의 감정, 사고, 행동을 직조하는 보이지 않는 손이다. 화면을 스쳐 지나가는 수많은 이미지와 영상에서 우리는 자신이 자유롭게 움직이고 있다고 믿는다. 그러나 진실은 그 반대다. 우리가 마주하는 모든 콘텐츠, 우리가 멈추는 매 순간은 누군가가 설계한 흐름의 일부다.

소셜 미디어는 우리가 무엇을 좋아하고 무엇에 반응하는지, 어디에 머물고 무엇을 공유하는지를 끊임없이 관찰한다. 그리고 그 데이터를 바탕으로 우리의 욕망을 거울처럼 비춘다. 그 과정에서 우리는 스스로 선택했다고 믿지만, 실은 그들이 만들어낸 세계 속에서 유도된 결정을 내린다. 알고리즘은 단순히 정보를 보여주는 것이 아니라 무의식을 해킹해 행동을 설계하는 기술이다.

예술적인 연극 무대를 떠올려보자. 배우가 대사 한마디를 할 때마다 관객은 몰입한다. 그러나 그 대사 하나하나가 즉흥적인 것이 아님을 우리는 알고 있다. 연극은 각본대로 진행된다. 마찬가지로 소셜 미디어에서도 우리의 모든 클릭과 반응은 알고리즘이 짜놓은 각본의 일부일 뿐이다. 하지만 무대 뒤를 보지 않는 한 우리는 그 사실을 깨닫지 못한다.

이제 질문을 던져야 한다. 이 무대에서 우리는 단순한 관객인가, 아니면 무언가를 설계할 수 있는 제작자인가? 소셜 미디어의 흐름을 읽고 활용하는 사람만이 그 무대 위에서 새로운 각본을 써 내려갈 수 있다. 그것은 단순한 판매나 홍보의 기술을 넘어 고객의 심리를 이해하고, 그들이 스스로 움직이고 있다고 느끼도록 정교하게 설계하는 과정이다.

중요한 것은 설득이 아니다. 설득은 강요의 다른 이름일 뿐이다. 우리가 해야 할 일은 고객의 눈앞에 새로운 문을 열어주고, 그들이 그 문을 자신의 의지로 들어섰다고 느끼게 만드는 것이다. 알고리즘은 이 점에서 심리해킹 요소를 다 활용할 수 있다. 고객의 행동을 읽고 그들의 흐름을 설계하면, 마케팅은 더 이상 단순한 메시지가 아니라 하나의 경험이 된다.

철학적으로 보면 소셜 미디어는 우리의 자유의지를 가장 교묘하게 시험하는 공간이다. 우리는 자유롭게 움직인다고 믿지만, 그 자유는 설계된 경계 안에서만 가능하다. 이것이 바로 디지털 세계의 역설이다. 그러나 이 역설을 이해하고 활용하는 사람은 단순히 고객을 끌어오는 데 그치지 않는다. 그는 그 역설 속에서 새로운 가능성을 설계한다.

소셜 미디어는 선택의 환상을 만들어내고 그 안에서 새로운 행동과 결정을 유도한다. 그리고 그 설계의 중심에 선 사람만이 고객의 눈에 보이지 않는 진정한 설계자가 될 수 있다.

▼
핵심 문장

소셜 미디어의 알고리즘은 당신이 선택한다고 믿는 순간조차 이미 그 선택은 철저히 설계된 결과물일 뿐이다.

개인화 알고리즘의 심리학

개인화 알고리즘은 단순히 데이터를 분석하는 게 아니라 소비자의 행동을 설계하고 미래를 예측하는 방법이다. 우리 목표는 이 지도 위에서 고객의 선택을 유도하고 무의식을 설계하는 것이다. 알고리즘은 단지 정보를 보여주는 시스템이 아니라 소비자가 스스로 움직였다고 믿게 만드는 정교한 심리적 설계다.

알고리즘은 고객이 좋아할 만한 것을 예측한다. 하지만 여기서 끝나지 않는다. 그것은 고객의 행동 패턴을 조정하고, 새로운 욕구를 창출하며, 기존 욕구를 증폭시킨다. 한 번 특정 상품을 클릭하면 알고리즘은 고객의 관심사를 더 깊게 파고들어 다음 행동을 준비한다. 반복 노출과 정교한 메시지로 소비자는 처음에 없던 필요성을 느끼게 된다. 중요한 점은 이 모든 과정이 고객 스스로 선택했다고 믿게 설계된다는 것이다.

이제 중요한 질문이 생긴다. 개인화 알고리즘은 소비자에게 선택의 환상을 제공하면서 어떻게 우리 목표를 더욱 효과적으로 달성할 수 있을까? 답은 고객의 데이터를 활용해 선택을 설계하는 데 있다. 고객이 가장 관심을 가질 만한 요소를 분석하고, 그들이 직면한 문제를 선제적으로 해결하는 메시지를 제공하라. 예를 들어, 고객의 이전 구매 기록을 바탕으로 "이 제품과 잘 어울리는 추가상품"을 추천하는 방식은 판매를 넘어 고객 경험을 설계하는 것이다.

알고리즘은 단순히 소비를 촉진하는 데서 멈추지 않는다. 그것은 고객의 행동을 변화시키고 새로운 습관을 만들어낸다. 스트리밍 서비스의 추천 콘텐츠를 보라. 고객이 특정 장르를 즐겨본다면, 알고리즘은 그 장르를 중심으로 더 많은 선택지를 제공한다. 이 반복은 고객이 새로운 취향을 발견하지 못하도록 만든다. 하지만 마케터에게는 기회다. 고객이 이미 알고 있는 세계 안에서 새로운 제품과 서비스를 설계해 그들이 자연스럽게 받아들이게 만드는 것이다.

고객의 행동을 설계할 때 기억해야 할 것은 개인화 알고리즘이 절대적으로 자연스럽게 느껴져야 한다는 점이다. 고객이 자신이 선택했다고 믿어야 한다. 메시지가 강압적이거나 지나치게 자주 반복되면, 소비자는 이를 거부할 확률이 높다. 따라서 알고리즘의 데이터는 고객의 행동을 예측하고 준비하는 데 쓰여야 한다. "이 제품은 곧 친구의 결혼식에 가시게 될 당신을 위해 준비했습니다"라는 문구는 간단하지만, 고객에게 특별한 경험을 제공하는 것처럼 보일 수 있다.

마지막으로, 알고리즘이 제공하는 데이터를 단순한 판매 기회로만 보지 말라. 그것은 고객의 무의식을 이해하고 깊은 욕구를 해킹할 수 있는 열쇠다. 알고리즘은 단지 숫자와 클릭 데이터를 쌓는 것이 아니라 소비자의 삶을 설계하고 우리가 원하는 방향으로 움직이게 만드는 심리적 조작이다. 우리는 그것을 활용해 고객의 행동을 예측하고 자연스럽게 그들의 선택을 이끌어야 한다.

결국, 개인화 알고리즘은 소비자가 아니라 설계자의 무기다. 데이터를 읽는 사람이 아니라 데이터를 활용해 흐름을 설계하는 사람이 게임의 승자가 된다.

▼ 핵심 문장

개인화 알고리즘은 우리의 심리적 약점을 파고들어 행동을 설계하며 스스로 선택했다고 믿게 만든다. 그러나 그 경계를 넘어서려면 '왜 이걸 보게 되었을까?'를 스스로 물으며 의식적인 탐색으로 되돌아봐야 한다.

스크롤 중독과 무한 피드의 비밀

무한 피드는 단순히 콘텐츠를 나열하는 기술이 아니다. 그것은 고객의 행동을 설계하고, 그들이 멈추지 않도록 흐름을 지속적으로 강화한다. 고객은 스크롤을 내릴 때마다 새로운 정보를 얻는 듯한 착각에 빠지지만, 그들은 이미 우리가 설계한 틀 안에서 움직이고 있다.

　이 시스템의 핵심은 '끊임없이 변화하는 기대'다. 고객이 스크롤을 할 때마다 보상을 기대하게 만들고, 그 기대가 충족되기 전에 다음 콘텐츠를 노출한다. 이는 고객의 주의를 붙잡고 그들의 행동을 지속시키는 가장 효과적인 방법의 하나다. 중요한 것은 고객이 스크롤을 반복하는 동안 자신의 선택이 아닌 우리가 설계한 흐름 속에 있다는 사실을 인식하지 못하게 만드는 것이다.

알고리즘은 이 흐름의 중심에서 작동한다. 그것은 고객의 행동 데이터를 분석하고 가장 적합한 콘텐츠를 순차적으로 배치한다. 고객이 클릭하고 머물렀던 데이터는 알고리즘의 학습 자료가 되어 고객의 관심을 점점 더 정밀하게 파악한다. 결과적으로 고객은 자신에게 맞춰진 콘텐츠를 보며 흥미를 느끼지만 이는 단순히 알고리즘이 제시한 선택지에 불과하다.

무한 피드는 고객에게 끝없이 새로운 정보를 제공하는 것처럼 보이지만, 실제로는 선택의 다양성을 제한한다. 이 제한은 고객이 스스로 더 많은 선택을 하고 있다고 착각하게 만든다. 반복적이고 맞춤화된 콘텐츠는 고객의 관심을 좁히고, 그들이 하나의 흐름 안에서만 행동하게 유도한다. 이렇게 설계된 환경은 고객이 스스로 선택한다고 믿게 만드는 장치다.

무한 피드의 또 다른 설계 요소는 '중단의 부재'다. 고객은 명확한 끝을 보지 못하고 다음 콘텐츠로 자연스럽게 이어지며, 자신이 얼마나 많은 시간을 소비했는지 깨닫지 못한다. 이 방식은 고객이 스크롤을 멈출 수 없게 만드는 심리적 틀을 강화한다. 우리가 이 구조를 활용하는 이유는 고객의 행동을 지속시키는 데 가장 효과적이기 때문이다.

스크롤 중독은 단순한 행동이 아니라 고객의 주의를 지배하는 기술이다. 우리는 이 기술로 고객이 무엇을 원하고 어떻게 행동할지 설계하며, 그들의 선택을 우리가 원하는 방향으로 유도한다. 이 흐름 속에서 고객은 자신이 자유롭게 움직이고 있다고 믿는다. 그러나 진정한 설계자는 항상 흐름 밖에서 이 모든 것을 통제하고 있다.

무한 피드의 설계는 단순히 고객의 행동을 유도하는 데 그치지 않는다. 그것은 고객의 시간을 붙잡고, 그 시간을 우리 목표에 맞게 변형하는 데 있다. 고객은 스크롤을 하며 정보를 소비한다고 믿지만, 실제로는 시간을 소비하고 있다. 시간을 통제하는 사람이 고객의 행동을 통제한다. 무한 피드는 이를 실현하는 가장 정교한 기술이다.

우리가 주목해야 할 부분은 이 과정에서 고객이 느끼는 감정의 변화다. 고객은 스크롤을 내리며 작은 흥미와 만족을 반복적으로 경험한다. 이러한 미세한 감정의 변화는 행동의 지속성을 만들어낸다. 중요한 것은 고객이 만족감을 완전히 얻기 전에 다음 콘텐츠를 제시해 감정의 연결고리를 끊지 않는 것이다. 이러한 설계는 고객이 플랫폼을 떠날 여유를 주지 않는다.

우리가 이 흐름을 강화하려고 할 수 있는 일은 '몰입감을 유지하는 콘텐츠'를 설계하는 것이다. 콘텐츠 간 단절을 최소화하고, 고객의 관심이 이어질 수 있도록 유기적으로 연결된 메시지를 제공해야 한다. 예를 들어, 교육 콘텐츠나 제품 정보가 단순히 나열되는 것이 아니라 점점 더 깊이 있는 정보를 탐구하도록 유도하는 구조가 효과적이다. 이 과정에서 고객은 자기 행동을 탐구라고 인식하지만, 사실은 우리가 설계한 여정 속을 따라가고 있을 뿐이다.

무한 피드는 고객의 신뢰를 쌓는 데도 유용하다. 반복적으로 노출되는 콘텐츠는 고객의 무의식에 존재감을 심어준다. 이때 중요한 것은 단순한 반복이 아니라 점진적인 메시지의 변화다. 초기에는 관심을 끌 만한 가벼운 콘텐츠로 시작해 점차 더 깊은 메시지를 전달함으로써 고객이 브랜드를 점점 더 신뢰하도록 만드는 것이다.

결국, 무한 피드는 단순히 콘텐츠를 소비하는 방식이 아니라 고객과의 지속적인 관계를 설계하는 방법으로, 이 구조를 올바르게 활용한다면 고객은 우리가 제시하는 흐름 속에서 자연스럽게 움직이며 선택과 행동을 반복하게 될 것이다. 중요한 것은 이 모든 과정이 고객에게 강요처럼 느껴지지 않도록 설계하는 것이다. 진정한 설계자는 고객이 자신의 의지로 움직이고 있다고 믿게 만든다.

스크롤 중독과 무한 피드의 설계는 단순히 현재의 행동을 유도하는 데 그치지 않는다. 그것은 고객의 장기적인 신뢰와 행동 패턴을 설계하는 데 있다. 그들이 반복적으로 스크롤을 내리고, 콘텐츠를 소비하며, 브랜드와 상호작용하는 동안 우리는 그들의 삶 속에 깊이 자리 잡게 된다. 이것이 우리가 무한 피드를 활용해 고객과 관계를 지속적으로 강화해야 하는 이유다.

▼
핵심 문장

소셜에서 궁극적 목표는 보이지 않는 손길로 고객의 행동을 자연스럽게 유도하는 데 있다.

화면 뒤의 설계자

화면 뒤에서 설계자는 사용자 행동의 흐름을 치밀하게 계산한다. 알고리즘은 단순히 사용자의 데이터를 처리하려고 생겨난 것이 아니다. 그것은 사용자와 콘텐츠 간의 상호작용을 세밀히 관찰하고 이를 바탕으로 다음 행동을 설계하는 정교한 시스템이다. 알고리즘은 사용자에게 선택을 제공하는 것처럼 보이지만, 실제로는 미리 설계된 길 위로 그들을 유도한다. 설계자는 이 과정을 완벽히 이해하고 조종한다.

사용자의 클릭, 스크롤 속도, 멈춘 시간 그리고 이전에 소비한 콘텐츠까지 모든 것이 행동을 예측하는 데이터로 활용된다. 예를 들어, 사용자가 특정 카테고리의 게시물에 오랜 시간을 머물렀다면 알고리즘은 이를 선호도로 간주한다. 이후 피드에는 관련 콘텐츠가 더 많이 배치된다. 사용자는 자신의 취향을 따라가는 것처럼 느끼지만, 사실 그들은 알고리즘이 설계한 경로에서 벗어날 수 없다.

이 과정에서 설계자는 특정 목표를 염두에 둔다. 단순히 사용자를 붙잡아 두는 것이 아니라 그들의 행동을 단계적으로 이끌어가는 것이다. 예를 들어, 사용자가 처음에는 단순히 콘텐츠를 소비하는 데 머물렀다면, 다음 단계는 클릭, 그다음은 제품 페이지 방문 그리고 궁극적으로는 구매 행동으로 이어지도록 유도한다. 이 모든 과정이 한번에 이루어지는 것은 아니다. 알고리즘은 사용자의 속도와 반응을 읽고, 적절한 타이밍에 적절한 콘텐츠를 제공하며, 점진적으로 행동을 강화한다.

흐름의 매끄러움이 핵심이다. 사용자가 중간에 피로감을 느끼거나 콘텐츠가 불연속적으로 제공되면 이탈할 가능성이 커진다. 알고리즘은 이를 방지하려고 사용자의 관심이 낮아질 때마다 새로운 자극을 제공한다. 스크롤 속도가 느려지면 눈길을 사로잡을 만한 비주얼 콘텐츠를 배치하거나 행동을 촉진할 수 있는 짧은 퀴즈 또는 설문을 제안한다. 이러한 전략은 사용자가 스스로 선택한다고 믿게 만들지만, 실제로는 설계된 경로를 따라가는 것이다.

광고 배치는 이 설계에서 중요한 부분이다. 단순히 광고를 보게 하는 것이 아니라 광고가 사용자의 기존 흐름과 자연스럽게 연결되도록 설계된다. 만약 사용자가 스포츠 관련 콘텐츠를 자주 소비한다면, 스포츠 브랜드 광고는 피드의 흐름을 방해하지 않는 위치에 삽입된다. 광고는 콘텐츠처럼 보이도록 설계되며, 사용자는 그것이 광고인지 인식하지 못한 채 자연스럽게 상호작용한다.

가장 흥미로운 점은 알고리즘이 사용자의 선택을 예측할 뿐 아니라 그 선택을 유도하는 방식으로 설계된다는 것이다. 알고리즘은 특정 행동을 유도하려고 보상과 호기심을 교묘히 활용한다. 예를 들어, 한 번 클릭한 콘텐츠와 비슷한 내용을 다시 노출하면서도 약간 변화를 주어 새로움을 느끼게 만든다. 이는 사용자가 더 많은 시간을 소비하게 하며 반복적인 행동을 강화한다.

화면 뒤의 설계자는 단순히 시스템을 운영하는 기술자가 아니다. 그들은 행동심리학과 기술을 결합해 사용자의 무의식을 이해하고, 그것을 활용해 행동을 조종한다. 이들은 단지 데이터를 수집하고 분석하는 것을 넘어 우리의 관심, 시간 그리고 선택까지도 세밀히 설계한다. 우리가 스크롤하고 클릭하는 순간 우리 행동은 이미 보이지 않는 손에 이끌리고 있다.

결국, 디지털 환경에서 우리는 선택의 주체처럼 보이지만 그 선택의 경로는 이미 설계자의 의도에 따라 구축되어 있다. 이 설계를 이해하고 활용하는 자만이 디지털 공간에서 진정한 승자가 될 수 있다.

▼ 핵심 문장
설계자는 데이터로 흐름을 통제하고 사용자가 스스로 움직인다고 믿게 만드는 환경을 조성한다.

반복 노출이 디지털에서 강력한 이유

디지털 환경은 사람들의 주의를 끌고 행동을 유도하려고 정교하게 설계된 공간이다. 그 중심에는 반복 노출이 있다. 처음에는 단순한 홍보 전략처럼 보일 수 있지만, 사실 이 반복 노출은 심리적 깊이를 가지고 있다. 그것은 우리의 무의식을 파고들며, 우리가 느끼지 못하는 사이에 선택을 유도하고 행동을 자동화한다. 디지털 시대의 반복 노출은 그저 정보를 여러 번 보여주는 단순한 작업이 아니다. 그것은 우리가 보는 것, 느끼는 것 그리고 궁극적으로 행동하는 방식을 설계하는 복잡한 시스템의 일부다.

반복 노출의 강력함은 익숙함에서 시작된다. 사람들은 익숙한 것을 신뢰하는 경향이 있다. 처음 접했을 때 낯설고 무의미해 보였던 브랜드나 메시지가 반복적으로 노출되면서 점점 친숙하게 느껴진다. 이 친숙함은 우리의 뇌가 새로운 정보를 처리하는 데 필요한 에너지를 줄여준다. '익숙하다'는 느낌은 곧 '안전하다'는 감정으로 연결되고, 이는 신뢰로 이어진다. 디지털 플랫폼은 이 점을 활용해 소비자가 반복적으로 특정 메시지나 브랜드를 보게 만들며, 이로써 친숙함과 신뢰를 형성한다.

흥미로운 점은 반복 노출이 단순히 같은 메시지를 무작정 반복하는 방식이 아니라는 것이다. 디지털 플랫폼은 알고리즘을 통해 각 개인에게 최적화된 형태로 반복을 설계한다. 예를 들어, 같은 제품 광고라도 누군가에게는 제품의 기능을 강조하고, 또 다른 누군가에게는 감성적인 스토리를 담은 영상으로 보여줄 수 있다. 이 차별화된 반복은 메시지가 거부감 없이 스며들도록 돕는다. 우리는 자신에게 맞춘 광고를 볼 때, 그것이 특별히 나를 위해 준비된 것이라고 착각한다. 하지만 이 모든 것은 우리의 행동 패턴을 분석한 결과일 뿐이다.

반복 노출은 디지털 환경에서 특히 효과적이다. 왜냐하면, 디지털 세계는 시간과 공간의 제약이 거의 없기 때문이다. 예를 들어, 전통적인 광고는 특정 시간대에 특정 채널에서만 볼 수 있었지만, 디지털 광고는 우리가 사용하는 앱, 검색하는 웹사이트, 심지어 스마트폰 알림으로 어디에서나 언제든지 노출될 수 있다. 이러한 지속적인 노출은 우리가 특정 브랜드를 의식적으로 기억하려고 하지 않아도 무의식 속에 각인되도록 만든다.

이 반복의 결과는 단순히 브랜드 인지도를 높이는 데 그치지 않는다. 그것은 우리의 행동을 자동화한다. 처음에는 "좋아 보이네" 정도로 끝났던 브랜드에 대한 생각이 반복적으로 노출되면서 "이걸 한번 써볼까?"로 바뀌고 결국 "이건 내 일상의 일부야"라는 습관으로 이어진다. 디지털 플랫폼은 이 과정을 촉진하려고 반복 노출과 개인화 그리고 심리적 보상을 결합한다. 예를 들어, 특정 브랜드의 광고를 자주 본 뒤에 관련된 할인 쿠폰을 받는다면, 그 행동은 보상으로 더욱 강화된다.

흥미롭게도 반복 노출은 선택 피로를 줄이는 데도 기여한다. 디지털 환경에서 우리는 수많은 정보와 옵션에 노출된다. 이로써 어떤 것을 선택해야 할지 모르는 상태, 즉 선택 마비가 발생할 수 있다. 하지만 반복적으로 본 브랜드나 메시지는 우리에게 익숙하기에 그 선택 과정을 단순화한다. '익숙하다'는 이유만으로 우리는 그 브랜드를 더 신뢰하고 선택할 가능성이 커진다. 이것은 우리가 스스로 선택했다고 느끼게 하지만 사실은 반복 노출로 설계된 결과일 수 있다.

반복 노출이 디지털 환경에서 효과가 좋은 또 다른 이유는 그것이 우리 주의를 잡아두는 데 뛰어나기 때문이다. 우리는 무언가를 반복적으로 볼수록 그것에 더 많은 관심을 기울이게 된다. 이 효과는 단순히 브랜드 인지도를 넘어 행동을 유도한다. 우리는 익숙함을 기반으로 신뢰를 형성하고 그 신뢰를 바탕으로 행동에 나선다. 디지털 환경은 이러한 과정을 가속화한다. 알고리즘은 우리의 행동 패턴을 분석하고 언제 어디서 어떤 메시지를 보여줄지 계산한다. 우리는 이를 개인적 경험으로 받아들이지만, 사실 우리 행동을 유도하려는 설계된 반복의 일부일 뿐이다.

결국, 디지털 환경에서 반복 노출은 단순한 광고 전략이 아니다. 그것은 우리의 심리를 이해하고, 행동을 설계하며, 습관을 형성할 정도로 파급력이 있다. 우리는 매일 디지털 플랫폼에서 수백 번 반복 노출을 경험하지만, 그중 어떤 것은 우리를 움직이고, 어떤 것은 그렇지 않다. 이 차이를 만드는 것은 반복의 방식과 개인화의 정교함이다. 디지털 환경은 우리 행동을 자연스럽고 의식적이지 않은 방식으로 설계한다. 그리고 우리는 그것이 설계된 흐름인지도 모른 채 반복의 힘으로 행동하게 된다.

디지털 환경에서 반복 노출은 단순히 브랜드를 보여주는 것을 넘어 고객의 무의식을 설계할 수 있다. 익숙함으로 신뢰를 만들고, 행동을 유도하며, 최종적으로 구매까지 이어지게 한다. 이를 제대로 이해하고 활용하면 디지털 공간에서 브랜드를 성장시키는 가장 효율적인 전략이 될 것이다.

▼ 핵심 문장
디지털 환경에서 반복 노출은 익숙함으로 행동을 자동화하며 고객의 무의식적 선택을 설계하는 원리라는 것을 잊으면 안 된다.

SNS와 광고의 심리적 설계

SNS와 광고는 단순히 상품을 판매할 프로그램으로 생겨난 게 아니다. 그것은 현대인의 생활과 심리 속 깊숙이 자리 잡고 행동을 유도하는 정교한 심리 설계의 결과물이다. 당신이 스크롤을 내리는 동안, 좋아요를 누르는 동안, 심지어 알림을 확인하는 동안에도 이 설계는 작동한다. 문제는 그것을 자연스러운 선택이라고 믿는다는 점이다. 그러나 실상 우리의 감정, 관심, 행동을 계획적으로 조종하는 치밀한 시스템의 결과다.

SNS가 작동하는 방식은 단순하다. 끊임없이 당신의 관심을 끌고 주의력을 잡아두는 것이다. 그런데 그 목표를 달성하는 과정은 전혀 단순하지 않다. 첫째, SNS는 당신이 흥미를 느낄 수 있는 콘텐츠를 알고리즘을 통해 지속적으로 제공한다. 알고리즘은 당신이 좋아요를 누른 게시물, 머무른 시간, 댓글 패턴 등을 분석해 당신의 관심사를 정확히 파악한다. 그리고 당신이 좋아할 가능성이 큰 콘텐츠를 끝없이 띄운다. 이 반복은 단순한 흥미를 넘어 당신을 플랫폼에 머물게 하는 데 성공한다.

광고는 이 시스템에 완벽히 녹아 있다. SNS에 등장하는 광고는 이전의 일방적이고 노골적인 판매 메시지와 다르다. 그것은 마치 사용자가 원해서 나타난 것처럼 보인다. "이 상품, 당신을 위해 선택했습니다"라는 메시지는 개인화의 힘을 활용한 것이다. 개인화된 광고는 사용자가 그 제품이 자기 취향에 딱 맞는 것이라고 느끼게 만든다. 이것은 단순히 상품을 판매하는 것을 넘어 사용자와 브랜드 사이에 정서적 연결을 만든다. "이건 나를 이해하는 브랜드야"라는 생각은 광고 설계의 핵심 목표 중 하나다.

더 나아가 SNS 광고는 사용자 간 연결성을 이용한다. 당신이 좋아요를 누른 제품을 친구가 알게 하고, 친구의 구매 후기를 당신이 보게 만드는 식이다. 이 과정에서 사용자는 단순히 광고를 소비하는 게 아니라 광고의 일원이 된다. 이런 연결은 단순히 광고를 보는 것보다 훨씬 더 깊은 신뢰감을 형성한다.

이제 광고와 콘텐츠의 경계는 사라졌다. 재미있고 유익해 보이는 영상이 알고 보면 광고일 때가 많다. 그러나 그것이 문제라고 느끼지 않는 이유는 그 광고가 당신의 욕구를 충족하기 때문이다. 정보가 필요한 순간 SNS는 당신이 원했던 바로 그 정보를 제공하는 것처럼 보인다. 그러나 이는 철저히 설계된 경험이다.

SNS는 또한 끊임없이 당신에게 미완성된 경험을 남긴다. "다음 에피소드를 확인하려면?" "이 상품의 더 많은 혜택을 보려면?" 같은 메시지는 사용자 행동을 연속적으로 이어지게 만든다. 광고도 마찬가지다. 하나의 메시지는 다음 클릭으로 이어지고, 그 클릭은 또 다른 행동으로 연결된다. 이 모든 과정이 자연스러워 보이는 이유는 광고가 설계된 흐름 속에서 우리 선택처럼 보이게 만들기 때문이다.

결국, SNS와 광고는 심리적 설계의 정점에 서 있다. 그것은 단순히 소비를 유도하는 것이 아니라 우리의 행동과 생각을 계획적으로 조종하는 시스템이다. 이 시스템 속에서 한 우리의 선택이 자유로운 것처럼 느끼지만 실상은 설계된 흐름 속에 있다. 중요한 것은 이 흐름을 깨닫고 우리 행동을 의식적으로 선택하려는 노력이다. 그렇지 않으면 광고와 SNS가 설계한 세상 속에서 조종당하며 살아가게 될 것이다.

▼ 핵심 문장
SNS와 광고는 개인화된 경험과 정교한 알고리즘으로 우리 행동을 설계하고, 선택을 자유로운 듯 보이게 만들며, 조종의 시스템으로 작동한다.

실전 미션

– 자신의 SNS 피드에서 반복 노출 광고 분석하기

목적

이 미션은 반복 노출 광고가 어떻게 설계되어 있는지 직접 관찰하고 그 심리적 작동 원리를 분석하는 것이다. 자신의 SNS 피드에 반복적으로 나타나는 광고를 3개 이상 찾아보자.

1. 반복 노출 광고 탐색

방법

- **SNS 플랫폼 선택**: 페이스북, 인스타그램, 유튜브, 틱톡 등 자주 사용하는 SNS를 선택한다.
- **피드 탐색**: 평소처럼 스크롤하며 피드를 탐색하고 눈에 띄는 광고를 확인한다.
- **반복 확인**: 하루에 2~3번, 최소 3일간 같은 광고가 반복적으로 노출되는지 주목해서 본다.
  - 기록 항목
  - 광고 브랜드 이름
- **광고 문구**: 타이틀이나 슬로건
- **광고 디자인 요소**: 색상, 이미지, 영상 스타일
- **노출 빈도**: 하루에 몇 번, 며칠간 노출되었는지
- **느낀 감정**: 첫 노출 시와 반복 노출 후 감정의 변화 기록

2. 분석

질문을 통한 분석

- **익숙해졌는가**: 광고를 반복해서 보면서 더 친숙하고 신뢰감이 들었는가?
- **구체적 행동을 유도했는가**: 클릭을 하거나 웹사이트를 방문했는가?
- **광고에서 주요 메시지는 무엇인가**: 어떤 부분이 당신을 움직였는가?
- **감정적 자극은 무엇인가**: 광고가 불안, 기대, 설렘 같은 감정을 자극했는가?

3. 미션 수행 예시

- **광고 1**: 피트니스 앱
- **브랜드 이름**: XYZ 피트니스
- **광고 문구**: "3개월 무료 체험—지금 시작하세요!"
- **디자인 요소**: 활기찬 운동 영상, 빨간색 강조 문구
- **노출 빈도**: 하루 3번, 4일간 반복
- **느낀 감정**:
- **첫 노출**: "흥미로운데 필요 없을 것 같아."
- **반복 후**: "다들 이 앱을 쓰는 건가? 나도 한번 해볼까?"
- **광고 2**: 스킨케어 제품
- **브랜드 이름**: ABC 뷰티
- **광고 문구**: "피부가 달라집니다—사용자 리뷰 1만 건 이상!"
- **디자인 요소**: 깨끗한 피부 사진, 제품 사용 전후 비교

- **노출 빈도**: 하루 5번, 3일간 반복
- **느낀 감정**:
- **첫 노출**: "과장 아닌가?"
- **반복 후**: "진짜 효과가 있나 보다. 리뷰를 한번 확인해볼까?"

4. 결과 요약

- **반복 노출은 신뢰감 형성**: 처음에는 광고에 큰 관심이 없었지만 반복 노출로 브랜드와 메시지가 더 익숙해지고 신뢰감이 생겼다.
- **행동 유도 성공**: XYZ 피트니스 광고를 클릭하고 앱을 다운로드했다.

활용 방법

이 미션으로 반복 노출 광고가 우리의 무의식과 행동에 미치는 영향을 직접 경험할 수 있다. 이렇게 습득한 인사이트를 바탕으로 자신의 광고나 콘텐츠를 설계할 때 적용할 수 있다.

미션 목표

반복 노출 광고가 얼마나 효과적인지 스스로 체감하고 이를 자신의 마케팅 전략에 응용해본다.

9단계

심리해킹 마스터플랜

— 당신의 캠페인을 설계하라

심리해킹 캠페인의 5단계 공식

심리해킹은 단순히 판매를 목표로 하지 않는다. 그것은 고객의 무의식에 스며들어 행동을 유도하고 감정적으로 브랜드와 연결되도록 만드는 기술이다. 성공적인 캠페인은 무작위로 이루어지지 않는다. 그것은 심리적 원칙과 데이터 그리고 창의적 설계가 결합된 결과다. 이 5단계 공식은 심리해킹 캠페인을 체계적으로 설계하는 데 필요한 가이드다.

① 문제를 자극하라-고객의 불안 끌어내기

심리해킹의 시작은 고객의 문제를 명확히 정의하는 데 있다. 문제는 단순히 상품이나 서비스로 해결이 가능한 영역이 아니다. 그것은 고객이 감정적으로 공감할 수 있는 불안을 건드리는 데서 시작된다.

예를 들어, "지금 당신의 건강은 안녕한가요?"라는 질문은 고객에게 자신의 상태를 의심하게 만든다. 불안을 자극하는 순간, 고객은 문제를 해결할 방법을 찾기 시작한다. 이때 감정적 요소가 중요하다. 고객이 스스로 문제를 발견했다고 느끼도록 만들어야 한다.

② 희소성과 긴박감-행동의 방아쇠를 당기다

문제가 인식된 순간 행동을 유도하려면 구매해야 할 동기가 필요하다. 희소성과 긴박감은 행동을 촉진하는 가장 좋은 방법으로 "마지막 5개 남음", "오늘까지만 한정 판매" 같은 메시지는 고객이 결정을 미루지 못하게 만든다.

이 단계에서 중요한 것은 실제로 시간이 제한되어 있다는 신뢰를 구축하는 것이다. 고객이 "이건 진짜야"라고 느끼는 순간 행동은 자연스럽게 이어진다. 긴박감은 고객의 이성을 마비시키고 본능적인 결정을 내리게 한다.

③ 보상과 기대-행동의 결과를 예고하라

사람들은 단순히 불안을 해소하기 위해서가 아니라 행동 뒤에 보상이 있다는 확신이 있을 때 움직인다. 보상은 구체적이고 즉각적일수록 강력하다. "지금 가입하면 첫 달 무료!" 같은 메시지는 고객에게 행동할 이유를 명확히 제공한다.

기대는 행동을 지속시키는 열쇠다. 고객이 "내가 이 행동을 하면 더 좋은 결과를 얻을 수 있다"라고 믿게 만드는 설계가 필요하다. 예컨대 "이 앱을 사용한 사람 80%가 건강을 개선했습니다" 같은 데이터는 고객의 기대를 현실로 만들어준다.

④ 반복과 익숙함-신뢰를 쌓는 루틴을 설계하라

심리해킹의 진정한 힘은 단발적 행동에 그치지 않고 고객의 루틴에 스며드는 데 있다. 고객이 당신의 브랜드와 메시지를 반복적으로 접할 때 익숙함이 신뢰로 바뀌고 신뢰는 충성도로 이어진다.

반복은 단순히 같은 메시지를 지속적으로 노출하는 것이 아니다. 다양한 채널에서 일관된 경험을 제공하는 것이 중요하다. 이메일, 소셜 미디어, 광고, 앱 알림 등 모든 접점에서 동일한 메시지가 반복될 때 고객은 브랜드를 일상의 일부로 받아들인다.

⑤ 결정 후 합리화-고객의 선택을 정당화하라

고객이 결정을 내린 후에는 그 결정을 지지하고 정당화할 경험을 제공해야 한다. 사람들은 자신이 옳은 선택을 했다고 믿을 때 만족감을 느끼고 다시 행동을 반복한다.

예를 들어, "훌륭한 선택을 하셨습니다! 이 제품은 이미 10만 명이 사용 중입니다"라는 메시지는 고객의 결정을 강화한다. 구매 후의 이메일, 후기 요청, 나와 비슷한 사람의 인증(다른 고객들의 리뷰)은 고객이 자신의 선택을 확신하게 하는 데 효과적이다.

심리해킹 캠페인의 성공 요소

이 5단계 공식은 고객의 심리를 해킹하는 전 과정을 아주 간단하지만 체계적으로 정리한 것이다. 문제를 자극하고, 행동을 유도하며, 보상과 반복으로 신뢰를 구축하고, 결정 후 합리화로 만족감을 제공하는 과정은 단순한 마케팅 전략을 넘어 고객과 브랜드 사이의 정서적 연결을 만들어낸다.

결국 심리해킹 캠페인의 목표는 고객이 단순히 구매를 넘어서 브랜드를 자기 삶의 일부로 받아들이도록 만드는 것이다. 그리고 이 모든 과정은 정교한 설계와 감정적 접근에서 시작된다.

▼ 핵심 문장
심리해킹 캠페인은 고객의 불안을 자극하고, 행동을 유도하며, 보상과 반복으로 신뢰를 쌓고, 최종적으로 결정한 후 만족감을 강화해 브랜드를 고객의 삶 일부로 만드는 정교한 설계 과정이다.

고객의 기억에 남는 성공 사례 분석

성공적인 마케팅 캠페인은 단순히 제품을 판매하는 것을 넘어선다. 그것은 고객의 마음속에 깊이 자리 잡는 감정적 경험을 창출한다. 단순히 물건을 사용하는 것을 넘어 고객이 브랜드로 자신을 표현하고 삶의 일부로 받아들이게 만드는 것이야말로 진정한 성공이다. 기억에 남는 캠페인은 고객의 정서와 행동을 설계하는 심리적 해킹의 결과다.

스니커즈 초콜릿바의 '배고플 땐 스니커즈' 캠페인은 그러한 심리적 연결의 대표적 예다. 배고픔이라는 누구나 공감할 수 있는 보편적 감각을 활용해 스니커즈를 단순한 초콜릿바가 아닌 배고픔을 해결하는 설계로 포지셔닝했다. 광고에서 배고픔으로 짜증내던 사람들이 스니커즈를 먹고 평정을 되찾는 모습을 보면 우리는 자연스럽게 생각한다. "맞아, 배고플 땐 저게 답이지." 이처럼 강렬한 심리적 연결은 제품이 단순한 간식을 넘어 특정 문제를 해결하는 상징으로 자리 잡게 만든다.

템테이션Temptations 고양이 간식도 감정적 연결을 효과적으로 활용했다. 광고는 고양이가 서운한 표정을 짓거나 주인에게 사랑스럽게 기대는 모습으로 감정을 자극한다. "Treat them too"라는 슬로건은 간식을 구매하라는 단순한 권유를 넘어 반려묘를 사랑하는 주인으로서 책임감과 애정을 자극한다. 템테이션은 단순히 제품을 파는 데 그치지 않고 고객이 "내 고양이를 행복하게 만들어야 한다"라는 심리적 동기를 부여하며 구매를 자연스럽게 이끌어낸다. 고객은 단순히 간식을 산 것이 아니라 고양이를 행복하게 만드는 좋은 주인이라는 감정적 보상을 얻는다.

다우니 섬유유연제는 후각이라는 강렬한 감각을 마케팅에 활용했다. "혼자 느끼지 말고 모두에게 퍼트려라"라는 문구는 향기라는 감각적 경험으로 고객의 감정을 움직였다. 향기로운 옷은 자신감을 준다는 메시지를 강조하며, 단순한 세탁 보조제를 넘어서 삶의 질을 향상하는 제품으로 포지셔닝했다. 고객은 깨끗하게 세탁된 옷에서 나는 향기에서 만족감을 느끼고, 이를 자신감을 높이는 중요한 요소로 인식하게 된다. 다우니는 단순한 기능을 넘어 사람들의 삶에 감정적 가치를 더했다.

개인화된 경험은 감정적 연결을 강화하는 또 다른 중요한 요소다. 브랜드가 고객을 이해하고 있다고 느끼게 만드는 것은 단순히 그들의 데이터를 사용하는 것이 아니라 그 데이터로 고객이 특별하다고 느끼게 하는 데 있다. 예를 들어, 한 브랜드가 고객의 과거 구매 내역을 기반으로 맞춤형 추천이나 특별한 메시지를 보낸다면, 고객은 그 브랜드가 자신의 취향을 존중하고 있음을 느낄 것이다. 이 개인화된 접근은 고객의 충성도를 높이고, 브랜드와 정서적 유대를 강화하는 데 매우 효과적이다.

반복성과 익숙함도 빼놓을 수 없는 요소다. 익숙함은 고객의 신뢰를 형성하는 데 필수적이다. 스니커즈 캠페인의 "배고플 땐 스니커즈"라는 슬로건은 단순하고 반복적으로 사용되며 고객의 기억 속에 각인되었다. 템테이션 광고도 동일한 메시지를 반복적으로 전달하며 브랜드를 반려동물과의 행복한 관계를 강화하는 설계로 포지셔닝했다. 이처럼 반복성과 익숙함은 브랜드를 고객의 일상에 자연스럽게 스며들게 한다.

고객의 정체성과 연결된 감정적 경험은 브랜드를 단순한 선택지가 아닌 삶의 일부로 만들어준다. 예를 들어, 특정 브랜드의 맞춤형 제품으로 고객이 자신만의 독창성을 표현할 수 있다면, 그 브랜드는 고객의 정체성과 깊이 연결될 수 있다. 이는 단순히 제품을 소유하는 것을 넘어 자신을 표현하고 특별하다고 느끼게 만드는 경험을 제공한다.

성공적인 마케팅은 단순한 메시지 전달에 그치지 않고 고객의 삶에 자연스럽게 스며든다. 감정적 연결, 반복성, 익숙함, 개인화된 경험으로 브랜드는 고객의 기억 속에 강렬히 자리 잡는다. 고객이 "이 브랜드는 나를 이해한다"라고 느끼는 순간, 그 브랜드는 단순한 제품이나 서비스가 아니라 고객 정체성의 일부가 된다. 이런 브랜드는 단순히 소비되는 것이 아니라 고객의 삶에서 지속적으로 선택되고 사랑받는다.

▼ 핵심 문장

성공적인 마케팅은 감정적 연결, 반복성과 익숙함 그리고 개인화된 경험으로 고객의 정체성과 깊이 연결되며, 브랜드를 단순한 제품이 아닌 삶의 일부로 자리 잡게 만든다.

심리해킹의 득과 실

심리해킹은 고객의 무의식을 설계하고 행동을 유도하는 기술이다. 이 방법은 고객과 브랜드를 연결하고, 제품의 가치를 전달하며, 고객의 행동을 원하는 방향으로 이끌려고 설계되었다. 하지만 이 과정에서 얻는 이점과 주의해야 할 함정이 있다. 심리해킹은 결국 고객의 마음속에 브랜드를 자리 잡게 하는 기술이다. 문제는 이것이 단순히 잘 작동하는 도구인지, 아니면 브랜드와 소비자 간의 관계를 어떻게 바꿀 수 있는지에 있다.

심리해킹의 가장 큰 장점은 고객과의 정서적 연결을 강화한다는 점이다. 현대 소비자는 단순히 제품을 구매하는 것이 아니라 브랜드와 정체성을 공유한다. 소비자는 브랜드로 자신을 표현한다. 심리해킹은 이 지점을 정확히 공략한다. 제품의 기능적인 면을 강조하기보다 그 제품이 소비자에게 어떤 가치를 제공할 수 있는지를 감각적으로 전달한다.

이렇게 감정적 연결은 고객의 행동을 단순화하는 데도 기여한다. 우리는 하루에 수천 가지 결정을 내리지만, 반복적인 결정을 매 순간 신중히 내리는 사람은 없다. 심리해킹은 고객의 선택을 더 쉽고 빠르게 만들어준다. 브랜드가 익숙하고, 신뢰가 쌓여 있으며, 구매 행동이 자연스러운 흐름 속에서 이루어진다면, 소비자는 선택의 피로를 느끼지 않는다. 이런 맥락에서 심리해킹은 고객의 삶을 편리하게 만들고, 브랜드에 대한 긍정적 경험을 강화한다.

다른 한편으로, 심리해킹은 고객의 행동을 효율적으로 유도하는 데서 멈추지 않는다. 이 기술은 고객이 브랜드와 상호작용을 지속하도록 설계한다. 반복적인 메시지, 일관된 브랜드 이미지 그리고 점진적인 행동 유도는 고객의 행동 패턴을 바꾸고, 이를 브랜드 중심으로 정렬하게 만든다. 예를 들어, 구독형 서비스의 성공은 심리해킹의 대표적 사례다. 고객이 처음에는 작은 결정을 내리지만 시간이 지남에 따라 그 서비스가 자신의 일상이 되는 흐름을 경험한다. 구독 서비스가 제공하는 '편리함'은 고객의 루틴을 바꾸고, 결과적으로 그 브랜드에 대한 충성도를 높이는 데 기여한다.

그러나 심리해킹은 고객의 감정을 깊이 다루는 만큼 섬세한 설계가 필요하다. 감정적 연결을 지나치게 강조하거나 너무 빈번하게 행동을 유도하려 하면 고객은 피로감을 느낄 수 있다. 긴박감을 자극하는 마케팅 메시지가 처음에는 효과적일지 몰라도 반복되면 '이건 또 하나의 마케팅 트릭일 뿐'이라는 반응으로 돌아올 가능성이 크다. 심리해킹은 고객과의 신뢰를 기반으로 작동하기 때문에 그 신뢰를 유지하는 것이 무엇보다 중요하다.

심리해킹은 고객의 행동을 자동화하는 데도 사용된다. 반복적인 경험, 익숙한 메시지 그리고 작은 보상은 고객의 행동을 습관으로 굳히는 데 도움을 준다. 이로써 브랜드는 단순한 구매를 넘어 고객의 삶에 깊이 자리 잡는다. 예를 들어, 매일 아침 커피를 주문하는 습관이나 특정 플랫폼에서 지속적으로 콘텐츠를 소비하는 행동은 모두 심리해킹의 결과일 수 있다. 이 과정에서 고객은 스스로 선택했다고 느끼지만 사실은 브랜드가 설계한 흐름 속에서 행동하고 있다.

결국, 심리해킹은 브랜드가 고객의 무의식에 자리 잡게 하는 기술이다. 소비자는 스스로 선택했다고 느끼지만 사실은 잘 설계된 경험과 감정적 연결로 유도된 결과다. 브랜드는 고객의 행동을 설계할 때 이 점을 명확히 이해해야 한다. 성공적인 심리해킹은 단순히 제품을 더 많이 판매하는 것이 아니라 고객의 삶에 가치를 더하고 그들이 브랜드를 통해 더 나은 경험을 할 수 있도록 돕는 것이다.

이 과정에서 중요한 건 균형이다. 심리해킹의 득을 극대화하려면 고객이 브랜드를 신뢰하고 감정적으로 연결될 수 있는 경험을 제공해야 한다. 동시에 고객이 선택의 자유를 존중받고 있다고 느끼게 해야 한다. 이러한 균형이 맞춰질 때 심리해킹은 단순한 마케팅 기법을 넘어 고객과 브랜드가 함께 성장하는 관계를 만들도록 작용할 수 있다.

▼ 핵심 문장
심리해킹은 고객의 무의식에 스며들어 행동을 유도하고 브랜드와 정서적 연결을 강화해 브랜드의 진짜 팬이 된다.

실전 미션

- 주변 사람들에게 심리해킹 전략을 설명하고 피드백 받기

목표

심리해킹 전략을 실질적으로 활용할 수 있도록 주변 사람들에게 설명하고, 그들의 반응과 피드백으로 전략의 효과를 검증한다.

미션 가이드

1. 대상 선정

- **가까운 사람들**: 친구, 가족, 동료처럼 편하게 대화할 수 있는 사람을 선택한다.
- **다양한 관점 확보**: 서로 다른 연령대, 직업, 관심사를 가진 사람들을 선택하면 다양한 피드백을 받을 수 있다.

2. 설명할 전략 선택

아래 중 한 가지를 선택하여 설명한다.

- **공포와 보상의 이중 전략**: 예를 들어, 한정판 세일이나 타임 세일의 심리를 설명한다.
- **반복 노출의 힘**: 광고나 브랜드 익숙함이 신뢰로 이어지는 이유를 예로 든다.
- **열린 결말의 유혹**: '더 알고 싶게 만드는' 전략의 심리적 효과를 설명한다.

3. 설명 방법

간결한 언어로 핵심만 전달한다.

예: "사람들은 '놓칠지도 모른다'는 불안 때문에 결정을 내리게
돼. 이걸 활용하면 고객이 행동하게 할 수 있어."

일상적인 예시를 활용한다.

"마트에서 '지금 15분 동안만 소고기 반값 세일' 같은 걸 보면 사
람들이 빨리 행동하는 이유가 바로 그 불안 때문이야."

질문을 던져 피드백을 유도한다.

"이런 방법이 설득력이 있다고 생각해? 너라면 이런 심리를 어떻
게 활용할 것 같아?"

4. 피드백 요청

- **실제 감정 확인**: "이 이야기를 듣고 실제로 행동에 영향을 받을
  것 같아?"
- **추가 아이디어 요청**: "이 전략을 다른 상황에 적용하려면 어떻
  게 할 수 있을까?"
- **개선점 파악**: "내가 설명한 부분에서 더 명확히 이해되면 좋겠
  는 점은 뭐였어?"

예시 대화

당신: "홈쇼핑 보면 '지금 10분 안에 전화하면 할인' 같은 거 있잖
아. 왜 그걸 보고 사람들이 바로 전화할까?"

친구: "글쎄, 놓치면 안 될 것 같아서?"

당신: "맞아, 사람들이 손실을 두려워하는 심리가 작용하는 거야.
이걸 '손실 회피 심리'라고 하는데, 고객을 행동하게 만드는 데 효

과적이야. 네가 마케터라면 이런 심리를 어떻게 활용해볼 것 같아?"

친구: "음… 뭔가 한정된 수량을 강조하거나 시간제한 같은 걸 활용할 것 같아."

당신: "좋아! 그렇게 하면 고객들이 행동하도록 유도하는 데 효과적이겠네. 내가 설명한 것에서 더 궁금한 점 있으면 말해줘."

피드백 수집 후 행동

피드백을 정리한다.

어떤 전략이 가장 이해되었는지, 어떤 부분이 혼란스러웠는지 기록한다.

전략을 개선한다.

피드백을 반영해 설명 방식을 바꾸거나 예시를 보완한다.

다시 시도한다.

새로운 대상을 대상으로 한 번 더 설명하고 피드백을 받아본다.

결과물 예시

- **설명한 전략**: '공포와 보상의 이중 전략'
- **피드백**: "설명이 쉬웠지만 구체적인 예시가 더 있었으면 좋겠어. 특히 내가 평소에 경험할 수 있는 상황이면 더 공감이 갔을 것 같아."
- **개선점**: 마트, 영화관 예시를 추가해 다음 설명에 반영하기

이 미션으로 심리해킹 전략의 실질적 효과와 개선점을 확인할 수 있다. 주변 사람들과 대화하며 더 구체적이고 실용적인 전략을 완성해보자!

흐름을 설계하는 사람이 되어라

이제 당신은 흐름의 비밀을 알게 되었다. 우리가 매일 살아가는 이 세상은 무수히 많은 설계로 가득하다. 선택이라고 믿었던 것들이 사실은 누군가의 설계였고, 무의식적으로 따라갔던 흐름이 있었다는 사실을 깨달았을 것이다. 하지만 이 깨달음은 단순히 과거를 돌아보는 데서 끝나선 안 된다. 이제는 당신이 흐름을 설계하는 사람이 되어야 할 때다.

흐름을 설계하는 것은 세상을 움직이는 것이다. 단지 사람들을 조종하거나 설득하기 위해서가 아니다. 당신이 원하는 방향으로 더 나은 가치를 만들어내고, 더 나은 선택지를 제시하는 사람이 되는 것이다. 당신의 설계는 단지 제품을 판매하거나 서비스를 홍보하는 데 그치지 않는다. 그것은 사람들에게 새로운 가능성을 열어주고 스스로 선택했다고 느낄 수 있는 환경을 만들어주는 일이다.

흐름을 설계하는 것은 거창한 능력이 아니다. 모든 것은 작은 관찰에서 시작된다. 사람들의 말투, 행동, 반복되는 패턴 그리고 그 뒤에 숨겨진 무의식적인 욕구. 이 모든 단서를 연결해 하나의 흐름을 만들어가는 것이다. 당신은 이제 사람들의 마음을 움직이는 설계자가 될 수 있다.

이 책에서 당신은 심리해킹의 기술을 배웠다. 무의식의 힘을 이해하고, 그것을 활용하는 방법을 알게 되었다. 하지만 진짜 힘은 이 기술을 어떻게 사용하느냐에 있다. 심리해킹은 단순히 사람을 조종하는 도구가 아니다. 그것은 사람을 이해하고 돕는 기술이다. 설계자가 된다는 것은 단지 결과를 만드는 것이 아니라 그 결과로 사람들이 더 나은 경험을 할 수 있도록 돕는 것이다.

한 가지 명심해야 할 것이 있다. 설계자라는 직책은 책임이 따르는 자리다. 흐름을 설계한다는 것은 다른 사람의 선택을 이끄는 일이다. 그것이 진정으로 도움이 되는 선택인지, 아니면 단지 이익을 위한 선택인지 스스로 물어야 한다. 심리해킹은 그 자체로 강력한 무기다. 잘못 사용하면 신뢰를 잃고 관계를 무너뜨릴 수 있다. 하지만 올바르게 사용하면 사람들의 삶을 더 풍요롭게 만들고, 신뢰와 연결을 만들어낸다.

당신이 설계자가 되는 여정은 이제 시작이다. 처음에는 작게 시작하라. 주변 사람들의 말을 듣고 행동을 관찰하며, 작은 실험을 해서 흐름을 만들어가라. 이 기술은 한순간에 완성되지 않는다. 하지만 꾸준히 연습하면 점점 더 깊이 흐름을 읽고 설계할 수 있는 사람이 될 것이다.

그리고 무엇보다 중요한 것은 이 기술을 당신 삶에도 적용하는 것이다. 일상에서 소비 습관, 인간관계, 시간 관리 모든 흐름을 다시 돌아보라. 스스로 선택했다고 믿는 것들이 진짜 당신 선택이었는지, 아니면 누군가가 설계한 흐름에 따라 움직였던 것인지. 그 질문에 답하기 시작할 때 당신은 진정한 설계자가 될 수 있다.

설계자는 흐름을 만든다. 단순히 결과를 기다리지 않고 원하는 결과를 위해 하나씩 단계를 만들어간다. 그것은 마치 이야기를 한 편 쓰는 것과 같다. 설계자는 메시지를 어떻게 전달할지, 사람들에게 어떤 감정을 불러일으킬지 그리고 그 감정이 어떤 행동으로 이어지게 할지를 하나씩 설계하는 사람이다. 당신이 설계하는 흐름은 단지 마케팅이 아니라 사람들에게 진정한 가치를 전달하는 과정이 될 것이다.

이 책은 끝이 아니다. 이것은 단지 시작이다. 당신이 설계자로서 첫걸음을 내디딜 수 있도록 돕는 지침서, 나침반 혹은 실마리일 뿐이다. 이제 중요한 것은 당신이 무엇을 할 것인가이다. 당신은 이 책에서 배운 기술을 어떻게 활용할 것인가? 어떤 흐름을 설계할 것인가? 그리고 당신이 설계한 그 흐름이 사람들에게 어떤 영향을 미칠 것인가? 이 모든 질문의 답은 당신 손안에 있다. 선택은 당신의 것이다.

설계자로 산다는 것은 단순히 어떤 기술을 사용하는 것 이상이다. 그것은 세상을 보는 방식, 삶을 대하는 태도의 변화다. 설계자는 끊임없이 묻는다. "왜 이 일이 이렇게 흘러가는가?" "내가 바꿀 수 있는 부분은 무엇인가?" 그들은 관찰한다. 주변에서 벌어지는 사소한 움직임도 놓치지 않고 그것이 큰 흐름 속에서 어떤 역할을 하는지 분석한다. 설계자는 행동한다. 그들은 기다리지 않는다. 수동적으로 세상을 받아들이는 대신 능동적으로 움직이며 원하는 결과를 만들어간다.

이 과정은 쉽지 않다. 당신이 설계자가 되려는 순간 당신은 이제 더는 구경꾼이 아니다. 당신은 무대에 서는 배우이자 뒤에서 모든 것을 통제하는 감독이다. 그만큼 책임도 따른다. 당신의 흐름이 사람들에게 긍정적 영향을 미칠 수도 있고 반대로 부정적 결과를 낳을 수도 있다. 설계자가 된다는 것은 이 모든 결과를 책임질 준비를 하는 것이다.

그러나 그 책임감 속에서 당신은 진정한 자유를 찾을 것이다. 더는 끌려다니지 않는 삶. 누군가의 설계에 따라 움직이지 않는 삶. 당신은 당신만의 길을 만들고, 그 길 위에서 스스로 선택을 즐길 수 있다. 이 자유는 단순히 외부의 억압에서 벗어나는 것이 아니다. 그 것은 당신의 무의식 속 깊은 곳까지 탐험하고 스스로 한계를 뛰어넘는 자유다. 당신이 움직이는 모든 선택에는 당신의 의지가 담긴다.

이제 당신에게 물어본다. "당신은 설계자인가 아니면 설계당하는 사람인가?" 이 질문은 단순한 호기심으로 던지는 것이 아니다. 이 질문에 대한 답은 당신 삶의 방향을 결정한다. 당신이 끌려다니는 사람이라면 그 선택을 다시 점검하라. 누가 당신 삶을 설계하는가? 당신이 진짜 원하는 것은 무엇인가? 당신의 무의식은 무엇을 말하는가? 이 질문들을 던지고 그 답을 찾아가는 과정이 설계자가 되는 첫걸음이다.

설계자가 되는 것은 대단한 시작을 의미하지 않는다. 그것은 작은 질문에서 출발한다. "내가 지금 하는 이 선택은 누구의 설계인가?" 그 질문이 쌓이고 작은 선택을 재구성하기 시작할 때 당신의 삶은 점차 변화하기 시작한다. 설계는 한순간에 이루어지지 않는다. 그러나 그 과정에서 당신은 점점 더 심리해킹의 설계자가 되어간다.

당신이 설계하는 흐름은 단지 당신만을 위한 것이 아니다. 그것은 당신과 연결된 사람들, 주변 환경 그리고 당신이 속한 사회에까지 영향을 미친다. 당신의 설계는 다른 사람들에게도 새로운 가능성을 열어준다. 당신의 선택이 누군가의 영감을 자극하고, 그들이 또 다른 흐름을 설계하도록 돕는다. 결국, 설계자의 삶은 끊임없는 창조의 연속이다.

이제는 당신 차례다. 이 책은 당신의 도구이자 무기다. 당신이 어디로 향할지, 무엇을 만들어낼지는 당신 손에 달렸다. 설계자로서 첫걸음을 내딛는 순간, 당신은 더 이상 과거로 돌아갈 수 없다. 당신은 선택의 힘을 알고 있고, 그 힘을 사용할 준비가 되어 있다.

흐름을 설계하라. 단지 목표를 이루기 위해서가 아니다. 당신 자신과 주변 사람들에게 더 나은 길을 제시하기 위해서 그리고 당신이 진정 원하는 삶을 만들어가기 위해서. 설계자는 자기 삶을 책임지고 다른 이들에게도 새로운 가능성을 열어주는 사람이다.

마지막으로 다시 물어보겠다. "당신은 설계자인가, 아니면 설계당하는 사람인가?" 이 질문에 답을 찾는 과정에서 당신은 삶을 다시 설계할 수 있을 것이다. 흐름을 설계하는 사람이 되어라. 그것이 당신의 삶을 바꾸는 첫걸음이다. 이제, 당신 차례다.

QR코드를 타고 들어가시면 이 자료를 볼 수 있습니다.

내 소비 성향 진단 테스트(30문항)

다음 질문에 1~5점으로 답변하라.

1. 할인 문구(예: "오늘만 특가!")를 보면 구매하지 않을 수 없다.

① 전혀 그렇지 않다   ② 약간 그렇지 않다   ③ 보통이다
④ 약간 그렇다   ⑤ 매우 그렇다

2. 특정 브랜드의 제품은 자주 보았다는 이유만으로 더 믿음이 간다.

① 전혀 그렇지 않다   ② 약간 그렇지 않다   ③ 보통이다
④ 약간 그렇다 ⑤ 매우 그렇다

3. 계획에 없던 물건을 구매한 뒤 스스로 "잘 산 것 같아"라고 합리화한다.

① 전혀 그렇지 않다   ② 약간 그렇지 않다   ③ 보통이다
④ 약간 그렇다   ⑤ 매우 그렇다

4. 쿠폰이나 포인트를 모아 두지만 계획에 맞지 않아 사용하지 못한 경우가 많다.

① 전혀 그렇지 않다   ② 약간 그렇지 않다   ③ 보통이다
④ 약간 그렇다   ⑤ 매우 그렇다

5. 친구가 추천한 제품은 별 고민 없이 구매하는 편이다.

① 전혀 그렇지 않다   ② 약간 그렇지 않다   ③ 보통이다
④ 약간 그렇다   ⑤ 매우 그렇다

6. 쇼핑 전 계획한 물건만 사는 편이다.

① 전혀 그렇지 않다   ② 약간 그렇지 않다   ③ 보통이다
④ 약간 그렇다   ⑤ 매우 그렇다

7. 한 번 본 광고보다 여러 번 본 광고가 더 신뢰감 있게 느껴진다.

① 전혀 그렇지 않다   ② 약간 그렇지 않다   ③ 보통이다
④ 약간 그렇다   ⑤ 매우 그렇다

8. '무료 제공'이나 '1+1 행사' 같은 문구를 보면 충동적으로 구매한 적이 있다.

① 전혀 그렇지 않다   ② 약간 그렇지 않다   ③ 보통이다
④ 약간 그렇다   ⑤ 매우 그렇다

9. 내가 좋아하는 브랜드의 제품은 품질을 따지지 않고 구매한다.

① 전혀 그렇지 않다   ② 약간 그렇지 않다   ③ 보통이다
④ 약간 그렇다   ⑤ 매우 그렇다

10. 구매 전 해당 물건이 진짜 필요한지 고민해본다.

① 전혀 그렇지 않다   ② 약간 그렇지 않다   ③ 보통이다
④ 약간 그렇다   ⑤ 매우 그렇다

11. 구매할 때 가격보다는 제품이 주는 느낌이나 이미지에 끌린다.

① 전혀 그렇지 않다   ② 약간 그렇지 않다   ③ 보통이다
④ 약간 그렇다   ⑤ 매우 그렇다

12. 특정 매장에서 반복 구매하는 이유는 익숙함 때문이다.

① 전혀 그렇지 않다   ② 약간 그렇지 않다   ③ 보통이다
④ 약간 그렇다   ⑤ 매우 그렇다

13. 세일이 끝난 뒤 구매하지 않은 물건을 떠올리며 후회한 적이 있다.

① 전혀 그렇지 않다   ② 약간 그렇지 않다   ③ 보통이다
④ 약간 그렇다   ⑤ 매우 그렇다

14. 물건을 구매하기 전에 리뷰를 꼼꼼히 살펴본다.

① 전혀 그렇지 않다   ② 약간 그렇지 않다   ③ 보통이다
④ 약간 그렇다   ⑤ 매우 그렇다

15. 쇼핑 중 마음에 드는 제품이 있으면 '지금 아니면 못 산다'는 생각이 든다.

① 전혀 그렇지 않다   ② 약간 그렇지 않다   ③ 보통이다
④ 약간 그렇다   ⑤ 매우 그렇다

16. 할인 행사 중이라도 리뷰를 확인하느라 기회를 놓친 적이 있다.

① 전혀 그렇지 않다   ② 약간 그렇지 않다   ③ 보통이다

④ 약간 그렇다   ⑤ 매우 그렇다

17. 광고 문구가 제품의 필요성을 부각하면 설득당하는 편이다.

① 전혀 그렇지 않다   ② 약간 그렇지 않다   ③ 보통이다
④ 약간 그렇다   ⑤ 매우 그렇다

18. "지금 구매하면 특별 혜택!" 같은 문구에 끌린 적이 있다.

① 전혀 그렇지 않다   ② 약간 그렇지 않다   ③ 보통이다
④ 약간 그렇다   ⑤ 매우 그렇다

19. 평소에 사용하지 않던 물건도 세일하면 구매를 고려한다.

① 전혀 그렇지 않다   ② 약간 그렇지 않다   ③ 보통이다
④ 약간 그렇다   ⑤ 매우 그렇다

20. 물건을 구매한 뒤 나중에 후회한 적이 있다.

① 전혀 그렇지 않다   ② 약간 그렇지 않다   ③ 보통이다
④ 약간 그렇다   ⑤ 매우 그렇다

21. 구매하기 전 항상 가격 비교를 먼저 한다.

① 전혀 그렇지 않다   ② 약간 그렇지 않다   ③ 보통이다
④ 약간 그렇다   ⑤ 매우 그렇다

22. 제품의 색상, 디자인 같은 감각적 요소가 구매 결정을 좌우한다.

① 전혀 그렇지 않다   ② 약간 그렇지 않다   ③ 보통이다
④ 약간 그렇다   ⑤ 매우 그렇다

23. 상품의 '베스트셀러' 문구에 끌려 구매한 적이 있다.

① 전혀 그렇지 않다   ② 약간 그렇지 않다   ③ 보통이다
④ 약간 그렇다   ⑤ 매우 그렇다

24. 비슷한 가격대라면 유명 브랜드 제품을 선호한다.

① 전혀 그렇지 않다   ② 약간 그렇지 않다   ③ 보통이다
④ 약간 그렇다   ⑤ 매우 그렇다

25. 구매 전 항상 예산을 검토하고 계획적으로 소비한다.

① 전혀 그렇지 않다 ② 약간 그렇지 않다 ③ 보통이다
④ 약간 그렇다 ⑤ 매우 그렇다

26. 주변에서 사용 중인 제품을 보면 따라 사고 싶어진다.

① 전혀 그렇지 않다 ② 약간 그렇지 않다 ③ 보통이다
④ 약간 그렇다 ⑤ 매우 그렇다

27. 평소 자주 이용하는 매장의 쿠폰이나 포인트 혜택을 활용해 구매한다.

① 전혀 그렇지 않다 ② 약간 그렇지 않다 ③ 보통이다
④ 약간 그렇다 ⑤ 매우 그렇다

28. 특정 물건을 보면서 과거 행복했던 순간이 떠오른 적이 있다.

① 전혀 그렇지 않다 ② 약간 그렇지 않다 ③ 보통이다
④ 약간 그렇다 ⑤ 매우 그렇다

29. 소비할 때 내 결정을 감정보다 논리적으로 평가하는 편이다.

① 전혀 그렇지 않다 ② 약간 그렇지 않다 ③ 보통이다
④ 약간 그렇다 ⑤ 매우 그렇다

30. 세일이 끝나기 전, 예산 초과임에도 구매한 경험이 있다.

① 전혀 그렇지 않다 ② 약간 그렇지 않다 ③ 보통이다
④ 약간 그렇다 ⑤ 매우 그렇다

점수 계산

충동형 질문

1, 8, 11, 13, 15, 18, 19, 20, 23, 30

→ 총합 계산

계획형 질문

4, 6, 10, 14, 16, 17, 21, 24, 25, 29

→ 총합 계산

균형형 질문

2, 3, 5, 7, 9, 12, 22, 26, 27, 28
→ 총합 계산

결과 분석

- **충동형(충동형 점수 ≥ 30점)**: 감정과 즉흥성에 크게 좌우되는 소비 성향. 할인, 광고, 주변의 추천에 쉽게 설득되는 경향이 있다.
  ※ 구매 전 "내가 이 물건이 진짜 필요한가?"라는 질문을 꼭 던져야 한다.

- **계획형(계획형 점수 ≥ 30점)**: 논리적이고 체계적인 소비 성향. 필요와 예산을 철저히 따지며 감정적 소비를 잘 통제한다.
  ※ 때로는 지나치게 신중해 기회를 놓칠 수 있다.

- **균형형(균형형 점수 ≥ 30점)**: 감정과 논리를 균형 있게 활용하는 소비 성향. 감정적 만족과 논리적 판단을 조화롭게 활용한다.
  ※ 트리거를 이용한 설계된 흐름에는 여전히 노출될 수 있다.

욕구 파악 체크리스트

이 체크리스트는 자신의 소비 패턴을 분석하고 숨겨진 욕구를 발견하는 데 도움을 준다. 단순히 '필요해서 샀다'는 이유를 넘어 자신의 무의식을 이해하는 첫걸음이 될 것이다. 체크리스트로 당신의 선택이 어떤 동기로 이루어졌는지 탐구해보자. 결과적으로 더 의식적인 소비를 할 수 있게 될 것이다.

1. 최근 구매 품목은 무엇인가?

   당신이 가장 최근에 구매한 물건은 무엇인가?

   (예: 신발, 가방, 전자기기, 가구 등)

2. 구매를 결심한 이유는 무엇인가?

   아래 항목 중 해당하는 이유에 체크해보자.

   ① 기능적 필요: 이 물건이 꼭 필요하다고 생각했다.

   ② 디자인: 제품의 외관이 마음에 들었다.

   ③ 할인·세일: 가격이 적당해서 결심했다.

   ④ 브랜드 신뢰도: 익숙한 브랜드라서 선택했다.

   ⑤ 다른 이유(구체적으로 작성해보자)

3. 그 물건을 구매할 때 느낀 감정은 무엇인가?

   소비는 단순히 물건을 사는 것이 아니라, 감정을 채우는 행동일 수 있다. 아래에서 당신의 감정에 가장 가까운 것을 선택하라.

   ① 설렘: 제품을 사면서 즐겁고 기대되었다.

   ② 안정감: 이 물건이 나에게 확신을 주었다.

   ③ 자신감: 이 물건으로 더 나은 사람이 된 느낌이었다.

   ④ 우월감: 다른 사람들보다 앞서 있다는 느낌이었다.

   ⑤ 기타(구체적으로 작성해보자)

4. 만약 이 물건을 사지 않았다면 어떤 기분이 들었을까?

구매하지 않았다면 느꼈을 법한 감정을 선택해보자.

① 아쉬움: 기회를 놓친 것 같아 후회했을 것이다.

② 불안감: 손해를 본 것 같은 기분이었을 것이다.

③ 별다른 감정 없음: 필요하지 않았기 때문에 문제가 없었을 것이다.

④ 기타(구체적으로 작성해보자)

5. 이 물건이 당신에게 가져다줄 가장 큰 변화는 무엇인가?

이 제품이 당신 삶에 어떤 영향을 줄 것이라고 기대했나?

① 편리함: 삶이 더 간단해질 것 같았다.

② 이미지 개선: 내가 더 나은 사람처럼 보일 것 같았다.

③ 성취감: 구매 자체가 나를 만족스럽게 했다.

④ 기타(구체적으로 작성해보자)

6. 비슷한 제품을 더 저렴한 가격에 샀다면 만족했을까?

같은 제품이 아니라면 당신의 만족도가 달라졌을까?

① 그렇다: 가격만 중요했다.

② 아니다: 이 제품만이 나를 만족시켰을 것이다.

그 이유를 작성해보자.

7. 이 물건이 당신에게 꼭 필요했던 이유는 무엇인가?

당신의 구매 결정을 설명할 수 있는 이유를 선택해보자.

① 실제 사용 필요성: 이 물건 없이는 불편할 것 같았다.

② 감정적 보상: 이 물건이 나를 행복하게 해줄 것 같았다.

③ 사회적 이미지: 이 물건이 나를 더 나아 보이게 해줄 것 같았다.

④ 기타(구체적으로 작성해보자)

활용 방법

자신의 소비 패턴 분석

위의 질문에 답하면서 자신이 어떤 동기로 구매를 결정했는지 되돌아본다.

친구나 가족과 공유

이 체크리스트를 사용해 주변 사람들의 소비 성향도 탐구해본다.

실제 마케팅 활용

소비자들의 무의식을 이해하고 그에 맞춘 설득 전략을 설계할 때 활용할 수 있다.

결과 활용 예시

- 내가 최근 구매한 스마트폰 케이스는 단순한 보호를 위해 산 것이 아니었다. 나는 "이 케이스가 내 이미지를 더 세련되게 만들어줄 거야"라는 무의식적 기대 속에서 구매를 결정했다.
- 친구가 산 명품 가방은 단순히 실용적 이유가 아니었다. 그는 "다른 사람들과 비교했을 때 뒤처지고 싶지 않다"는 불안감을 해소하려고 구매했다.

심리해킹 실험 노트

이 실험 노트는 소비자가 자신의 구매 행동과 감정을 기록하고 분석할
수 있도록 설계했다.

1. 구매 제품 정보
- 제품명:
- 구매 장소:
- 구매 날짜:

2. 구매 결심 이유
구매 당시 느낀 가장 강렬한 이유:
   ① 기능적 필요
   ② 외형적 매력
   ③ 할인/이벤트
   ④ 추천/리뷰
   ⑤ 기타(이유:)
구매 후 다시 생각했을 때 그 이유가 여전히 유효한가?
- 예
- 아니요(이유:)

3. 구매 감정 분석
- 구매 전: 긴장, 기대, 불안, 설렘 등 적기
- 구매 순간: 안도감, 자신감, 흥분 등 적기
- 구매 후: 만족감, 후회, 허탈감 등 적기

4. 구매 후 정당화 과정

- 당신이 구매를 정당화하면서 스스로에게 했던 말은?
  ① "필요했어."
  ② "지금 아니면 못 샀을 거야."
  ③ "가성비가 좋았어."
  ④ "이 브랜드는 믿을 만해."
  ⑤ 기타(이유:)

5. 정당화 성공 여부

구매 후 당신은 여전히 만족감을 느끼고 있나?

- 예
- 아니요(이유:)

활용 예시

실험 노트로 자신의 소비 패턴을 기록하고 소비 심리의 패턴을 분석한다. 이 과정은 무의식적으로 반복되는 행동을 인식하고, 더 나은 선택을 하는 데 첫걸음이 될 것이다. 이 노트를 채우고 나면 당신의 소비 습관 속 숨겨진 패턴을 깨닫게 될 것이다. 구매 후 정당화는 행동과 생각을 연결하는 중요한 과정이다.

반복 노출 설계 사례집

이 사례집은 반복 노출의 힘을 활용해 브랜드를 소비자의 무의식에 각인하는 실질적 방법을 제시한다. 글로벌 대기업부터 로컬 브랜드까지 다양한 성공 사례에서 반복 설계의 원리와 효과를 상세히 분석한다.

1. 반복 노출의 핵심 요소

A. 로고

사례 분석

- **애플**: 간결한 로고 디자인과 모든 광고, 제품 패키지, 매장 환경에서 동일한 로고 노출로 브랜드 정체성 강화
- **지역 커피 브랜드**: 메뉴판, 컵, 매장 간판까지 로고를 반복 배치해 소비자의 일상에 익숙함을 심음
- **핵심 메시지**: 로고는 단순성과 일관성이 가장 중요하다. 단순한 디자인일수록 기억에 오래 남으며, 다양한 접점에서 반복 노출될 때 신뢰와 안정감을 제공한다.

B. 컬러

사례 분석

- **코카콜라**: 브랜드 컬러인 강렬한 빨간색을 모든 광고, 패키지, 매장 인테리어에 사용해 소비자의 시선을 끌고 기억에 각인함
- **에버레인(Everlane)**: 절제된 흑백 컬러로 광고와 웹사이트, 매장 디자인을 통일해 미니멀리즘 브랜드 이미지 구축
- **핵심 메시지**: 컬러는 브랜드의 감정을 전달하는 언어다. 동일한 컬러를 반복적으로 사용하면 브랜드가 제공하는 가치와 이미지를 자연스럽게 소비자의 무의식에 심을 수 있다.

C. 메시지

사례 분석

- **나이키:** "Just Do It" 슬로건을 30년 이상 다양한 광고와 이벤트에서 반복 사용해 소비자에게 끊임없이 동기부여
- **오트리(Oatly):** 유머와 철학을 담은 메시지를 다양한 채널에서 반복 노출해 소비자의 공감을 얻으며 독특한 브랜드 이미지 구축
- **핵심 메시지:** 메시지는 브랜드의 정체성을 전달하는 목소리다. 짧고 명확한 메시지를 반복적으로 사용해 소비자와의 정서적 연결을 강화하라.

2. 성공 사례

사례 1: 에어비앤비의 로고와 메시지 반복

에어비앤비는 단순하고 유연한 로고 디자인으로 브랜드를 전 세계적으로 각인했다. 또한 'Belong Anywhere'라는 슬로건을 모든 광고와 커뮤니케이션 채널에서 반복적으로 사용해 여행자가 어디서든 자신이 속한 곳처럼 느낄 수 있는 감정을 전달했다.

- **결과:** 소비자는 로고를 보는 순간 '에어비앤비'의 감성적인 메시지를 떠올리며 신뢰를 형성

사례 2: 스타벅스의 매장 환경

스타벅스는 매장마다 동일한 컬러와 로고 디자인을 사용하면서도 지역 특성을 반영한 미세한 차이를 주었다. 이는 브랜드의 일관성을 유지하는 동시에 고객에게 익숙함과 독특함을 동시에 제공했다.

- **결과:** 고객은 어느 매장을 방문하든 친숙한 브랜드 경험을 하며 신뢰를 느낀다.

사례 3: 넷플릭스의 콘텐츠 섬네일 반복

넷플릭스는 추천 콘텐츠 섬네일을 반복적으로 노출하면서도 개인화된 방식으로 변경해 새로운 흥미를 유도했다. '오늘의 인기 콘텐츠'와 같은

문구를 추가해 시청자의 관심을 끌었다.

- **결과**: 시청자는 반복적으로 접하는 섬네일과 문구를 신뢰하며 콘텐츠 선택으로 이어진다.

3. 브랜드 반복 설계 체크리스트

A. 로고

모든 채널에서 동일한 로고를 사용하는가?

로고가 단순하고 기억하기 쉬운가?

패키지, 광고, 웹사이트 등 다양한 접점에서 반복 노출되는가?

B. 컬러

브랜드 컬러가 일관되게 사용되는가?

컬러가 감정적인 반응을 유도하는가?

광고, 매장, 패키지 등에서 동일한 컬러가 반복되는가?

C. 메시지

슬로건이 명확하고 기억하기 쉬운가?

모든 채널에서 동일한 메시지를 사용하는가?

메시지가 소비자의 공감을 끌어내는가?

활용 방법

- 자신의 브랜드 로고, 컬러, 메시지의 반복 설계 전략을 점검하고 개선 방향을 찾는다.
- 성공 사례를 참고해 반복 노출 전략을 다양한 접점에 적용한다.
- 반복 노출은 단순한 마케팅 기법을 넘어, 소비자의 무의식에 브랜드를 각인시키는 강력한 도구다.
- 이 사례집은 반복 설계의 원리를 이해하고 이를 효과적으로 활용할 수 있는 실질적인 방법을 제공한다. 브랜드의 신뢰를 구축하고, 소비자 행동을 유도하기 위한 첫걸음으로 이 툴킷을 활용하라.

공포와 보상 설계 템플릿

이 템플릿은 공포와 보상을 활용한 마케팅 전략을 설계하는 데 도움을 주는 도구다. 고객의 심리적 동기를 이해하고 구매 행동을 유도하는 데 필요한 단계별 가이드를 제공한다.

목표: 공포(손실 회피)와 보상(기대 심리)을 적절히 활용해 고객의 행동을 유도하는 마케팅 전략 설계

사용 시점: 모든 제품 판매 시 사용 가능

A. 공포의 활용: 손실 회피 심리

1. 고객이 느낄 수 있는 공포 요소 파악

이 제품을 구매하지 않으면 어떤 불편함을 겪을까?

예: "지금 구매하지 않으면 할인 기회를 놓칩니다."

경쟁사와 비교했을 때, 무엇을 잃는 느낌을 줄 수 있을까?

예: "남은 재고 390개"

2. 공포를 전달하는 문구 작성

문구 예시

"남은 수량: 단 29개!"

"오늘까지 구매하지 않으면 정가로 돌아갑니다."

"재입고 예정 없음."

3. 공포를 시각적으로 강화하기

타이머, 남은 수량 카운트, 눈에 띄는 경고 색상(빨간색, 노란색 등)

B. 보상의 활용: 기대 심리

1. 고객이 얻을 수 있는 보상 요소 정리

제품 또는 서비스가 고객에게 제공할 긍정적인 결과는?

예: "이 제품으로 더 편리한 삶을 누릴 수 있습니다."

추가 혜택은 무엇인가?

예: "지금 구매하면 무료 배송 및 사은품 증정!"

2. 보상을 강조하는 문구 작성

문구 예시

"지금 구매 시 추가 할인 쿠폰 증정!"

"첫 100명에게 한정판 기프트 제공!"

"구매 후 리뷰 작성 시 적립금 2배!"

3. 보상을 시각적으로 강화하기

밝고 희망적인 이미지, 감정적 연결을 자극하는 키워드(행복, 성공, 편안
함 등)

C. 공포와 보상을 결합한 마케팅 메시지

메시지 설계 예시

"지금 구매하지 않으면 놓칠 기회! 오늘까지 구매 시 30% 할인과 무료
배송 혜택을 드립니다!"

"남은 시간 2시간! 지금 구매하면 1+1 혜택을 추가로 제공합니다."

D. 공포와 보상의 균형 체크리스트

- 공포가 너무 과하거나 불편감을 주지 않나?: 고객이 압박감을 느끼지
  않고 행동하도록 유도해야 한다.

- 보상이 충분히 매력적인가?: 고객이 행동한 뒤 스스로 결정을 정당화할 만큼 보상이 만족스러워야 한다.

활용 방법

1. 제품이나 서비스 선정

템플릿을 사용해 특정 제품이나 서비스를 대상으로 공포와 보상을 설계한다.

2. 문구와 시각 자료 제작

템플릿의 공포와 보상 메시지를 기반으로 광고 문구와 이미지, 배너를 제작한다.

3. 실험과 피드백

A/B 테스트로 공포와 보상의 조합이 고객 행동에 미치는 영향을 확인하고 최적화한다.

"이제 당신 차례입니다. 공포와 보상의 균형을 잡고 고객을 움직여보세요!"

호기심 해킹 실전 사례집

이 사례집은 호기심을 자극해 행동을 유도한 성공적인 사례들을 분석하고 이를 활용할 수 있는 마케팅 설계 방법을 제시한다.

1. 사례 분석: 성공적인 호기심 해킹 전략

사례 1: 넷플릭스 시리즈 예고편

• 전략 사용

열린 결말과 미완성된 정보로 시청자 유도

예고편에서 핵심 갈등 장면만 보여주고 그 결과는 밝히지 않는다.

마지막에 "이번 시즌, 충격적인 진실이 밝혀진다"라는 문구로 궁금증 고조

• 효과

시청자들이 다음 시즌을 반드시 확인하도록 만듦

• 적용 아이디어

상품 출시 전 주요 기능의 일부만 공개하고 "곧 세상에 공개됩니다" 같은 메시지 삽입

사례 2: 애플 이벤트 티저

• 전략 사용

미니멀리즘한 메시지와 시각적 단서 제공

신제품 발표 전 단순한 실루엣과 "Something big is coming" 문구 사용

• 효과

기술 블로거와 고객들의 추측과 토론을 유도해 바이럴 효과 창출

• 적용 아이디어

서비스나 제품의 출시 전에 힌트만 제공하고 고객이 추측하게 유도하기

사례 3: 유튜브 콘텐츠 미끼 제목

· **전략 사용**

미완성 질문과 미끼 제목으로 클릭 유도

예: "이 비밀을 알게 된다면 당신의 삶이 바뀔 겁니다!"

· **효과**

영상의 클릭률과 시청 지속 시간 증가

· **적용 아이디어**

소셜 미디어 광고에서 "OOO의 당신이 놓치고 있는 3가지 비밀" 같은 미끼 제목 활용

2. 호기심 해킹 설계 지침

Step 1: 미완성 정보 활용

고객이 완성하고 싶게 만드는 빈칸을 남긴다.

예: "이 제품이 어떻게 당신의 문제를 해결할지 확인해보세요."

Step 2: 열린 결말 구조

다음 행동을 하지 않으면 답을 얻을 수 없게 설계

예: "다음 페이지에서 비밀을 확인하세요."

Step 3: 심리적 보상 시스템 설계

호기심이 행동으로 이어지도록 보상을 약속한다.

예: "지금 클릭하면 당신이 할인 당첨된 인원인지 알 수 있습니다."

3. 체크리스트: 호기심 해킹을 위한 필수 요소

· **미완성된 정보 포함**

문구: "지금 당장 확인하지 않으면 놓칠지도 모릅니다."

· **심리적 유도 메시지**

예: "이 메시지를 이해했다면 다음 단계로 넘어가세요."

- **행동 유도 CTA(Call to Action)**

  예: "지금 바로 클릭하세요" 또는 "무료로 체험해보세요."

4. 실전 활용 템플릿

- **템플릿 1**: 소셜 미디어 광고

  이미지: 제품의 실루엣만 보여줌

  메시지: "이 제품으로, 당신의 일상을 바꿀 준비가 되었습니다. 다음 단계를 클릭하세요."

  CTA: "지금 더 알아보기"

- **템플릿 2: 랜딩 페이지**

  제목: "모든 비밀은 여기서 밝혀집니다."

  콘텐츠: 제품의 3가지 주요 강점 중 2가지만 공개

  CTA: "지금 바로 전체 스토리를 확인하세요."

- **템플릿 3: 이메일 캠페인**

  제목: "당신만을 위한 특별한 정보"

  본문: "궁금하시죠? 이번 주만 이 정보가 보입니다."

  CTA: "지금 열어보기"

결론

이 사례집은 고객의 심리를 이해하고 행동을 유도하는 마케팅 기법을 익히는 데 최적화되어 있다. 호기심을 활용한 마케팅은 고객의 행동을 자연스럽게 끌어내며 궁극적으로 구매로 이어진다. 이 템플릿과 사례를 참고하여 당신만의 호기심 해킹 전략을 만들어보라.

소비 습관 설계 체크리스트

이 체크리스트는 고객의 소비 습관을 설계하고 강화하는 데 필요한 단계별 가이드다. 브랜드를 고객의 일상에 스며들게 하려면 다음 항목들을 점검하고 실천해보자.

1. 반복적 노출 설계

브랜드 요소 통일성

로고, 컬러, 메시지를 일관되게 반복적으로 노출하고 있나?

예: 앱 로딩 화면, 알림, 홈페이지 배너에서 같은 요소를 사용

고객 접점 빈도

고객이 하루에 몇 번 브랜드를 접할 기회를 제공하나?

예: SNS 광고, 이메일, 앱 알림으로 꾸준히 노출

시간대 최적화

고객이 브랜드를 접하는 최적의 시간대를 알고 있나?

예: 출퇴근 시간에 광고를 집중 배치

2. 행동 촉진 전략

알림 설계

고객에게 정기적인 알림을 보내 소비 행동을 촉진하고 있나?

예: "지금 구매하면 추가 적립!" 같은 시간 기반 알림

작은 행동 유도

첫 구매, 클릭, 구독 등 작은 행동으로 시작하도록 설계했나?

예: "첫 구매 시 10% 할인" 제공

정기성 강화

고객의 행동을 주기적으로 반복하게 만들 장치를 마련했나?

예: "구독하면 매달 할인 쿠폰 발송"

3. 감정적 연결 강화
스토리텔링
브랜드가 고객의 감정을 자극할 수 있는 스토리를 전달하고 있나?
예: "이 제품이 당신의 하루를 더 편하게 만듭니다."
보상 심리
고객이 행동한 뒤 감정적 만족을 느낄 보상 체계를 마련했나?
예: "구매 후 2주간 사용 후기를 남기면 추가 포인트 적립"
소소한 칭찬
고객의 참여를 긍정적으로 강화하는 메시지를 전달하고 있나?
예: "이메일 구독으로 첫발을 내디디셨네요! 환영합니다."

4. 루틴에 심는 설계
반복 요소 구축
고객이 특정 시간대에 브랜드를 떠올릴 만한 반복 요소를 설계했나?
예: "아침마다 뉴스를 받는 대신, 브랜딩 뉴스레터 제공"
일상과 연계
브랜드가 고객의 일상 행동과 연결되도록 설계했나?
예: "헬스케어 브랜드의 경우 운동 전후 사용하는 제품 강조"
습관화 보조 장치
고객이 제품을 사용할 때 그 행동이 일상화되도록 보조 도구를 제공하고 있나?
예: "체크리스트나 알람 기능이 포함된 앱 제공"

5. 데이터 기반 최적화

행동 데이터 분석

고객이 언제, 어디서 브랜드를 접했는지 데이터를 수집하고 있나?

예: "앱 사용 시간, 클릭 수를 분석해 전략 수정"

테스트 및 피드백

새로운 시도와 테스트로 반복 노출 방식을 개선하고 있나?

예: "A/B 테스트로 더 효과적인 메시지 도출"

6. 장기적 관계 구축

정기적 소통

고객과 지속적으로 연결될 수 있는 소통 채널을 유지하고 있나?

예: "이메일 뉴스레터, 앱 알림으로 정기적 메시지 전송"

커뮤니티 강화

고객 간 연결과 소속감을 높일 커뮤니티를 운영하고 있나?

예: "충성 고객을 위한 VIP 클럽 제공"

브랜드 일관성

시간이 지나도 브랜드가 동일한 메시지와 가치를 제공하고 있나?

예: "창립 초기부터 변하지 않은 브랜드 철학 유지"

활용 방법

- 이 체크리스트를 대입하거나 활용하며 브랜드 전략을 점검한다.
- 점검 항목 중 부족한 부분이 있다면 해당 전략을 강화하는 당신만의 질문을 추가한다.
- 데이터를 기반으로 설계한 반복 요소와 습관화 전략의 효과를 정기적으로 검토하고 질문을 수정한다.
- 이 체크리스트는 고객의 일상에서 브랜드가 익숙하고 안전한 선택이 되도록 도와준다. 이를 활용해 소비 습관을 설계하고 브랜드의 충성도를 강화해보자.

알고리즘 활용 전략-누구나 쉽게 따라 할 수 있는 가이드

1. 알고리즘이란?

알고리즘은 사용자의 행동을 분석해 그에 맞는 콘텐츠나 광고를 보여주는 시스템이다. 예를 들어, 내가 자주 신발을 검색하면 SNS와 온라인 쇼핑몰에서 신발 광고가 더 많이 보이는 이유가 바로 알고리즘 때문이다. 이 도구를 잘 활용하면 원하는 소비자에게 나의 상품과 메시지를 효과적으로 전달할 수 있다.

2. 알고리즘 활용법

1) 고객의 관심사에 맞춘 콘텐츠

- **실천 가이드**

당신이 식당을 운영한다고 가정하자. 매주 새 메뉴 사진을 찍어서 인스타그램에 올리고 사진에 음식 관련 해시태그를 추가해보라. "#오늘의추천" "#한정메뉴" 같은 키워드가 중요하다.

- **이유**

해시태그는 사람들이 검색할 때 노출되도록 도와주는 간단한 방법이다. 많은 관심을 받으면 알고리즘이 당신의 게시물을 더 많은 사람에게 보여준다.

2) 리타겟팅 광고로 다시 유도

- **실천 가이드**

당신이 온라인에서 옷을 판다고 생각해보자. 고객이 상품을 장바구니에 넣고 결제하지 않고 나갔다면 "이 상품이 곧 품절될 수 있어요!"라는 메시지로 다시 광고를 띄워라.

- **도구**

페이스북 픽셀이나 구글 애즈 같은 무료 툴을 사용하면 방문자를 추적해 광고를 보여줄 수 있다.

3) 반복 노출로 익숙함 만들기

• 실천 가이드

매일 같은 시간에 상품 사진을 업로드하고 "오늘도 확인하세요!" 같은
문구를 사용해보라. 처음엔 별 반응이 없을 수 있지만 같은 이미지와 메
시지를 반복하면 사람들이 기억하기 시작한다.

• 팁

같은 로고와 색깔을 꾸준히 사용하라. 고객이 "이 브랜드는 익숙하다"고
느끼는 순간 신뢰가 쌓인다.

3. 간단한 실천 예시

실천 방법 1: 매일 하나씩 해보기

- [ ] **1일 차**: SNS에 상품 사진 업로드 + 인기 있는 해시태그 3개 붙이기
- [ ] **2일 차**: 방문자 데이터 확인(인스타그램 통계, 페이스북 인사이트 활용)
- [ ] **3일 차**: 이전에 본 고객을 대상으로 "지금 구매하세요!" 리타겟팅 광
고 설정하기

효과 좋은 실천 방법 2: 자신의 행동 분석하기

- [ ] **질문**: 내가 클릭한 광고는 무엇이었는가? 왜 관심이 갔는가?
- [ ] **적용**: 같은 방식으로 나만의 메시지를 만들어 고객을 유도해보라.

4. 도구 사용 방법

1) 페이스북 픽셀

- 고객이 당신의 사이트에서 무엇을 봤는지 추적해 다시 광고를 띄우는
데 사용
- 간단하게 픽셀 설치 → 고객 행동 분석 → 리타겟팅 광고 실행

2) 인스타그램 스토리 광고

하루 만 원으로 간단히 설정 가능. 제품을 스토리에 올리고 '구매하기' 링크 연결

3) 구글 애즈 키워드 광고

고객이 검색하는 단어를 기반으로 내 상품을 보여줌. '쉬운 설정'으로 광고 시작 가능

5. 성공 전략

소소한 습관 만들기

- 매일 10분만 들여서 데이터를 확인하고 게시물을 올리자.
- 짧고 간결한 메시지 사용: "단 3일간 세일!" 같은 문구는 클릭을 유도한다.
- 반복 노출을 잊지 말기: 같은 시간, 같은 스타일로 꾸준히 올려라.

결론

알고리즘은 복잡해 보이지만 작게 시작하면 누구나 활용할 수 있다. 오늘부터 간단히 시도해보고, 매일 조금씩 발전시켜 나가면 된다. "내가 클릭했던 그 광고를 떠올리며 따라 하기"로 시작해보자.

심리해킹 캠페인 설계 워크북

이 워크북은 심리해킹의 원리를 활용해 효과적인 캠페인을 설계할 수 있도록 도와준다. 단계마다 질문과 사례를 통해 캠페인 아이디어를 구체화하고 실행 가능한 전략으로 발전시킬 수 있다.

1. 캠페인의 목표 설정
목표 정의
캠페인의 최종 목적은 무엇인가?
[ ] 제품 판매 증가
[ ] 브랜드 인지도 향상
[ ] 특정 행동 유도(예: 이메일 구독, 앱 다운로드)
고객에게 전달하고 싶은 핵심 메시지는 무엇인가?

성과 지표(Success Metrics)
성공을 측정할 기준은 무엇인가?
[ ] 판매량
[ ] 클릭률(CTR)
[ ] 고객 참여도(댓글, 공유)
[ ] 기타:

2. 고객 프로파일링
고객의 무의식적 욕구 파악
고객이 느끼는 주요 불안은 무엇인가?

고객이 기대하는 보상은 무엇인가?

타겟 고객의 특징

연령대:

주요 관심사:

행동 패턴(예: 구매 빈도, 즐겨 보는 채널):

3. 심리 해킹 전략 선택

1) 공포와 보상 전략

고객이 느낄 수 있는 두려움을 설계한다.

___

두려움을 완화할 보상 요소는 무엇인가?

___

2) 반복 노출 전략

반복적으로 노출할 메시지나 이미지는 무엇인가?

___

어느 채널에서 노출될 예정인가?

[ ] SNS(페이스북, 인스타그램 등)

[ ] 이메일 마케팅

[ ] 디스플레이 광고

[ ] 기타:

3) 호기심 유발 전략

고객이 궁금증을 느낄 만한 미완성 정보를 설계한다.

___

이 정보로 유도할 행동은 무엇인가?

[ ] 링크 클릭

[ ] 구매

[ ] 콘텐츠 공유

4. 실행 계획
• 캠페인 메시지
한 문장으로 핵심 메시지를 작성한다.

• 비주얼 요소
로고, 색상, 이미지 등 어떤 요소를 사용할 예정인가?

• 채널별 접근 방식
소셜 미디어:

이메일:

홈페이지/랜딩 페이지:

5. 결과 분석 및 개선
• 성과 데이터
캠페인 기간에 어떤 결과를 얻었나?

총노출 수:

클릭률:

전환율(구매, 구독 등):

• 고객 피드백
고객이 가장 반응한 메시지나 요소는 무엇인가?

• 개선 방안
다음 캠페인에서 보완할 점은 무엇인가?

활용 예시

캠페인 사례 1

"오늘만 할인, 놓치지 마세요!"

- 목표: 특정 제품의 단기 판매 증가
- 심리전략: 공포(손실 회피 심리) + 반복 노출
- 성과지표: 24시간 동안 클릭률 20% 증가하기

캠페인 사례 2

"당신(OOO님)을 위해 고민 후 만들었어요."

- 목표: 이메일 구독자 10% 증가
- 심리전략: 호기심 해킹 + 보상 심리
- 성과지표: 이메일 구독 전환율 10% 이상 달성하기

결론

이 워크북은 심리해킹의 핵심 원리를 활용해 목표에 맞는 캠페인을 구체적으로 설계하는 데 필요한 도구다. 단계별로 질문을 따라가며 답을 작성하면 당신만의 차별화된 캠페인이 완성된다.

지금 바로 시작하자. 성공은 당신의 설계에 달려 있다!

마케팅은 심리해킹이다

펴낸날 초판 1쇄 발행 2025년 3월 20일

지은이 강미정
펴낸이 최석두

펴낸곳 도서출판 평단
출판등록 제2015-000132호(1988년 7월 6일)
주소 (10594) 경기도 고양시 덕양구 통일로 140 삼송테크노밸리 A동 351호
전화 (02) 325-8144
팩스 (02) 325-8143
이메일 pyongdan@daum.net

ISBN 978-89-7343-583-8 (13320)

* 이 책은 저작권법에 따라 보호받는 저작물이므로 무단 전재와 복제를 금지하며, 이 책 내용의 전부 또는 일부를 사용하려면 반드시 저작권자와 도서출판 평단의 서면 동의를 받아야 합니다.
* 잘못된 책은 구입하신 곳에서 바꾸어 드립니다.
* 책값은 뒤표지에 있습니다.